PRACTICE – ASSESS – DIAGNOSE

180 Days of READING
for Third Grade

Spanish

Author

Christine Dugan, M.A.Ed.

Shell Education

Publishing Credits

Dona Herweck Rice, *Editor-in-Chief*; Robin Erickson, *Production Director*;
Lee Aucoin, *Creative Director;* Timothy J. Bradley, *Illustration Manager*;
Conni Medina, M.A.Ed., *Editorial Director*; Sara Johnson, M.S.Ed., *Senior Editor*;
Aubrie Nielsen, M.S.Ed., *Editor*; Beth Pachal, M.A.T., *Associate Education Editor;*
Grace Alba, *Designer;* Janelle Bell-Martin, *Illustrator;* Stephanie Reid, *Photo Editor;*
Corinne Burton, M.A.Ed., *Publisher*

Image Credits

Cover Janelle Bell-Martin; p. 144 NASA/Bill Ingalls [STS-135]; p. 180, 204, 216 Getty Images; p. 228 Perdue University Libraries'/The George Palmer Putnam Collection of Amelia Earhart Papers/Karnes Archives & Special Collections; all others Shutterstock

Standards

© 2004 Mid-continent Research for Education and Learning (McREL)
© 2007 Teachers of English to Speakers of Other Languages, Inc. (TESOL)
© 2007 Board of Regents of the University of Wisconsin System. World-Class Instructional Design and Assessment
   (WIDA). For more information on using the WIDA ELP Standards, please visit the WIDA website at www.wida.us.
© 2010 National Governors Association Center for Best Practices and Council of Chief State School Officers (CCSS)

Shell Education

5482 Argosy Avenue
Huntington Beach, CA 92649-1030
www.tcmpub.com/shell-education

ISBN 978-1-0876-4876-7

©2021 Shell Education Publishing, Inc.
Printed by: **51307**
Printed In: **USA**
PO#: **10159**

TABLE OF CONTENTS

INTRODUCTION AND RESEARCH

The Need for Practice

In order to be successful in today's reading classroom, students must deeply understand both concepts and procedures so that they can discuss and demonstrate their understanding. Demonstrating understanding is a process that must be continually practiced in order for students to be successful. According to Marzano, "practice has always been, and always will be, a necessary ingredient to learning procedural knowledge at a level at which students execute it independently" (2010, 83). Practice is especially important to help students apply reading comprehension strategies and word-study skills.

Understanding Assessment

In addition to providing opportunities for frequent practice, teachers must be able to assess students' comprehension and word-study skills. This is important so that teachers can adequately address students' misconceptions, build on their current understanding, and challenge them appropriately. Assessment is a long-term process that often involves careful analysis of student responses from a lesson discussion, a project, a practice sheet, or a test. When analyzing the data, it is important for teachers to reflect on how their teaching practices may have influenced students' responses and to identify those areas where additional instruction may be required. In short, the data gathered from assessments should be used to inform instruction: slow down, speed up, or reteach. This type of assessment is called *formative assessment*.

HOW TO USE THIS BOOK

180 Days of Reading for Third Grade offers teachers and parents a full page of daily reading comprehension and word-study practice activities for each day of the school year.

Easy to Use and Standards Based

These activities reinforce grade-level skills across a variety of reading concepts. The questions are provided as a full practice page, making them easy to prepare and implement as part of a classroom morning routine, at the beginning of each reading lesson, or as homework. The weekly focus alternates between fiction and nonfiction standards.

Every third-grade practice page provides questions that are tied to a reading or writing standard. Students are given the opportunity for regular practice in reading comprehension and word study, allowing them to build confidence through these quick standards-based activities.

Question	College and Career Readiness Standards
	Days 1–3
1–2	**Reading Anchor Standard 1:** *Read closely to determine what the text says explicitly and to make logical inferences from it.*
3	**Reading Foundational Skills Standard:** *Know and apply grade-level phonics and word analysis skills in decoding words.*
4–5	**Reading Anchor Standard 4:** *Interpret words and phrases as they are used in a text, including determining technical, connotative, and figurative meanings, and analyze how specific word choices shape meaning or tone* **or** **Reading Anchor Standard 6:** *Assess how point of view or purpose shapes the content and style of a text.*
	Day 4
1–2	**Reading Anchor Standard 10:** *Read and comprehend complex literary and informational texts independently and proficiently* **or** **Reading Anchor Standard 6:** *Assess how point of view or purpose shapes the content and style of a text.*
3	**Reading Anchor Standard 1:** *Read closely to determine what the text says explicitly and to make logical inferences from it.*
4–6	**Reading Anchor Standard 2:** *Determine central ideas or themes of a text and analyze their development; summarize the key supporting details and ideas.*
	Day 5
	Writing Anchor Standard 4: *Produce clear and coherent writing in which the development, organization, and style are appropriate to task, purpose, and audience.*

HOW TO USE THIS BOOK (cont.)

Using the Practice Pages

Practice pages provide instruction and assessment opportunities for each day of the school year. The activities are organized into weekly themes, and teachers may wish to prepare packets of each week's practice pages for students. Days 1, 2, and 3 follow a consistent format, with a short piece of text and five corresponding items. As outlined on page 4, every item is aligned to a reading standard.

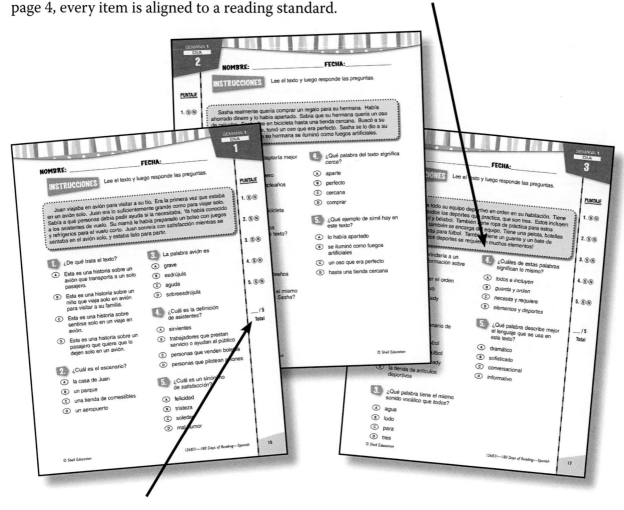

Using the Scoring Guide

Use the scoring guide along the side of each practice page to check answers and see at a glance which skills may need more reinforcement.

Fill in the appropriate circle for each problem to indicate correct (Y) or incorrect (N) responses. You might wish to indicate only incorrect responses to focus on those skills. (For example, if students consistently miss items 2 and 4, they may need additional help with those concepts as outlined in the table on page 4.) Use the answer key at the back of the book to score the problems, or you may call out answers to have students self-score or peer-score their work.

HOW TO USE THIS BOOK (cont.)

 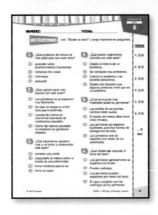 

A longer text is used for Days 4 and 5. Students answer more in-depth comprehension questions on Day 4 and complete a written response to the text on Day 5. This longer text can also be used for fluency practice (see page 7).

Writing Rubric

Score students' written response using the rubric below. Display the rubric for students to reference as they write (G3_writing_rubric.pdf).

Points	Criteria
4	• Uses an appropriate organizational sequence to produce very clear and coherent writing • Uses descriptive language that develops or clarifies ideas • Engages the reader • Uses a style very appropriate to task, purpose, and audience
3	• Uses an organizational sequence to produce clear and coherent writing • Uses descriptive language that develops or clarifies ideas • Engages the reader • Uses a style appropriate to task, purpose, and audience
2	• Uses an organizational sequence to produce somewhat clear and coherent writing • Uses some descriptive language that develops or clarifies ideas • Engages the reader in some way • Uses a style somewhat appropriate to task, purpose, and audience
1	• Does not use an organized sequence; the writing is not clear or coherent • Uses little descriptive language to develop or clarify ideas • Does not engage the reader • Does not use a style appropriate to task, purpose, or audience
0	Offers no writing or does not respond to the assignment presented

HOW TO USE THIS BOOK *(cont.)*

Developing Students' Fluency Skills

What Is Fluency?

According to the National Reading Panel Report, there are five critical factors that are vital to effective reading instruction: phonemic awareness, phonics, fluency, vocabulary, and comprehension (2000). Rasinski (2006) defines fluency as "the ability to accurately and effortlessly decode the written words and then to give meaning to those words through appropriate phrasing and oral expression of the words." Wolf (2005) notes that the goal of developing fluency is comprehension rather than the ability to read rapidly. Becoming a fluent reader is a skill that develops gradually and requires practice. Reading text repeatedly with a different purpose each time supports the development of fluency in young children (Rasinski 2003).

Assessing Fluency

Fluent readers read accurately, with expression, and at a good pace. A Fluency Rubric along with detailed instructions for scoring and keeping oral reading records is included in the digital resources (G3_fluency.pdf).

The table below lists fluency norms by grade level (Rasinski 2003):

Student Fluency Norms Based On Words Correct Per Minute (WCPM)			
Grade	Fall	Winter	Spring
1	—	—	60 wcpm
2	53	78	94
3	79	93	114
4	99	112	118
5	105	118	128
6	115	132	145

HOW TO USE THIS BOOK (cont.)

Diagnostic Assessment

Teachers can use the practice pages as diagnostic assessments. The data analysis tools included with the book enable teachers or parents to quickly score students' work and monitor their progress. Teachers and parents can see at a glance which reading concepts or skills students may need to target in order to develop proficiency.

After students complete a practice page, grade each page using the answer key (pages 231–237). Then, complete the Practice Page Item Analysis for the appropriate day (pages 10–11) for the whole class, or the Student Item Analysis (pages 12–13) for individual students. These charts are also provided in the digital resources (filenames: G3_practicepage_analysis.pdf, G3_student_analysis.pdf). Teachers can input data into the electronic files directly on the computer, or they can print the pages and analyze students' work using paper and pencil.

To complete the Practice Page Item Analyses:

- Write or type students' names in the far-left column. Depending on the number of students, more than one copy of the form may be needed, or you may need to add rows.

- The item numbers are included across the top of the charts. Each item correlates with the matching question number from the practice page.

- For each student, record an X in the column if the student has the item incorrect. If the item is correct, leave the item blank.

- Count the Xs in each row and column and fill in the correct boxes.

To complete the Student Item Analyses:

- Write or type the student's name on the top row. This form tracks the ongoing progress of each student, so one copy per student is necessary.

- The item numbers are included across the top of the chart. Each item correlates with the matching question number from the practice page.

- For each day, record an X in the column if the student has the item incorrect. If the item is correct, leave the item blank.

- Count the Xs in each row and column and fill in the correct boxes.

HOW TO USE THIS BOOK *(cont.)*

Using the Results to Differentiate Instruction

Once results are gathered and analyzed, teachers can use the results to inform the way they differentiate instruction. The data can help determine which concepts are the most difficult for students and which need additional instructional support and continued practice. Depending on how often the practice pages are scored, results can be considered for instructional support on a daily or weekly basis.

Whole-Class Support

The results of the diagnostic analysis may show that the entire class is struggling with a particular concept or group of concepts. If these concepts have been taught in the past, this indicates that further instruction or reteaching is necessary. If these concepts have not been taught in the past, this data is a great preassessment and demonstrates that students do not have a working knowledge of the concepts. Thus, careful planning for the length of the unit(s) or lesson(s) must be considered, and additional frontloading may be required.

Small-Group or Individual Support

The results of the diagnostic analysis may show that an individual or small group of students is struggling with a particular concept or group of concepts. If these concepts have been taught in the past, this indicates that further instruction or reteaching is necessary. Consider pulling aside these students while others are working independently to instruct further on the concept(s). Teachers can also use the results to help identify individuals or groups of proficient students who are ready for enrichment or above-grade-level instruction. These students may benefit from independent learning contracts or more challenging activities. Students may also benefit from extra practice using games or computer-based resources.

Digital Resources

Reference page 239 for information about accessing the digital resources and an overview of the contents.

PRACTICE PAGE ITEM ANALYSIS DAYS 1-3

Directions: Record an *X* in cells to indicate where students have missed questions. Add up the totals. You can view the following: (1) which items were missed per student; (2) the total correct score for each student; and (3) the total number of students who missed each item.

Week: _____ Day: _____

Student Name	Item # 1	2	3	4	5	# correct
Sample Student		X			X	3/5
# of students missing each question						

PRACTICE PAGE ITEM ANALYSIS DAYS 4–5

Directions: Record an X in cells to indicate where students have missed questions. Add up the totals. You can view the following: (1) which items were missed per student; (2) the total correct score for each student; and (3) the total number of students who missed each item.

Week: _____ Day: _____ Item #	1	2	3	4	5	6	# correct	Written Response
Student Name								
Sample Student		X			X	X	3/6	3
# of students missing each question								Written Response Average:

STUDENT ITEM ANALYSIS DAYS 1-3

Directions: Record an *X* in cells to indicate where the student has missed questions. Add up the totals. You can view the following: (1) which items the student missed; (2) the total correct score per day; and (3) the total number of times each item was missed.

Student Name: Sample Student							
Item		1	2	3	4	5	# correct
Week	**Day**						
1	1		X			X	3/5
	Total						

STUDENT ITEM ANALYSIS DAYS 4-5

Directions: Record an *X* in cells to indicate where the student has missed questions. Add up the totals. You can view the following: (1) which items the student missed; (2) the total correct score per day; and (3) the total number of times each item was missed.

Student Name: Sample Student								
	Day 4							**Day 5**
Item	**1**	**2**	**3**	**4**	**5**	**6**	**# correct**	**Written Response**
Week								
1		X			X	X	3/6	3
Total								
								Written Response Average:

STANDARDS CORRELATIONS

Shell Education is committed to producing educational materials that are research and standards based. In this effort, we have correlated all of our products to the academic standards of all 50 United States, the District of Columbia, the Department of Defense Dependent Schools, and all Canadian provinces.

How To Find Standards Correlations

To print a customized correlation report of this product for your state, visit our website at **www.tcmpub.com/shell-education** and follow the on-screen directions. If you require assistance in printing correlation reports, please contact Customer Service at 1-877-777-3450.

Purpose and Intent of Standards

Legislation mandates that all states adopt academic standards that identify the skills students will learn in kindergarten through grade twelve. Many states also have standards for Pre-K. This same legislation sets requirements to ensure the standards are detailed and comprehensive.

Standards are designed to focus instruction and guide adoption of curricula. Standards are statements that describe the criteria necessary for students to meet specific academic goals. They define the knowledge, skills, and content students should acquire at each level. Standards are also used to develop standardized tests to evaluate students' academic progress. Teachers are required to demonstrate how their lessons meet state standards. State standards are used in the development of all of our products, so educators can be assured they meet the academic requirements of each state.

College and Career Readiness

The activities in this book are aligned to the college and career readiness (CCR) standards. The chart on page 4 lists each standard that is addressed in this product.

NOMBRE: _____ **FECHA:** _____

PUNTAJE

INSTRUCCIONES Lee el texto y luego responde las preguntas.

Juan viajaba en avión para visitar a su tío. Era la primera vez que estaba en un avión solo. Juan era lo suficientemente grande como para viajar solo. Sabía a qué personas debía pedir ayuda si la necesitaba. Ya había conocido a los asistentes de vuelo. Su mamá le había preparado un bolso con juegos y refrigerios para el vuelo corto. Juan sonreía con satisfacción mientras se sentaba en el avión solo, y estaba listo para partir.

1. ¿De qué trata el texto?

(A) Esta es una historia sobre un avión que transporta a un solo pasajero.

(B) Esta es una historia sobre un niño que viaja solo en avión para visitar a su familia.

(C) Esta es una historia sobre sentirse solo en un viaje en avión.

(D) Esta es una historia sobre un pasajero que quiere que lo dejen solo en un avión.

2. ¿Cuál es el escenario?

(A) la casa de Juan

(B) un parque

(C) una tienda de comestibles

(D) un aeropuerto

3. La palabra *avión* es

(A) grave

(B) esdrújula

(C) aguda

(D) sobreesdrújula

4. ¿Cuál es la definición de *asistentes*?

(A) sirvientes

(B) trabajadores que prestan servicio o ayudan al público

(C) personas que venden boletos

(D) personas que pilotean aviones

5. ¿Cuál es un sinónimo de *satisfacción*?

(A) felicidad

(B) tristeza

(C) soledad

(D) mal humor

1. (S) (N)

2. (S) (N)

3. (S) (N)

4. (S) (N)

5. (S) (N)

___ / 5

Total

NOMBRE: _____ **FECHA:** _____

INSTRUCCIONES Lee el texto y luego responde las preguntas.

1. (S)(N)

2. (S)(N)

> Sasha realmente quería comprar un regalo para su hermana. Había ahorrado dinero y lo había apartado. Sabía que su hermana quería un oso de peluche. Sasha fue en bicicleta hasta una tienda cercana. Buscó a su alrededor. Finalmente, tomó un oso que era perfecto. Sasha se lo dio a su hermana. El rostro de su hermana se iluminó como fuegos artificiales.

3. (S)(N)

1. ¿Qué título se adaptaría mejor a este texto?

4. (S)(N)

- (A) Cómo ahorrar dinero
- (B) Un regalo de cumpleaños especial
- (C) Hermanas felices

5. (S)(N)

- (D) Un paseo en mi bicicleta

___/ 5
Total

2. ¿Cuál es uno de los escenarios de este texto?

- (A) un patio de juegos
- (B) una tienda
- (C) un restaurante
- (D) una fiesta de cumpleaños

3. ¿Qué palabra tiene el mismo sonido vocálico que *Sasha*?

- (A) juego
- (B) paga
- (C) rostro
- (D) tomó

4. ¿Qué palabra del texto significa *cerca*?

- (A) aparte
- (B) perfecto
- (C) cercana
- (D) comprar

5. ¿Qué ejemplo de símil hay en este texto?

- (A) lo había apartado
- (B) se iluminó como fuegos artificiales
- (C) un oso que era perfecto
- (D) hasta una tienda cercana

NOMBRE: _____ **FECHA:** _____

INSTRUCCIONES Lee el texto y luego responde las preguntas.

Brady guarda todo su equipo deportivo en orden en su habitación. Tiene camisetas para todos los deportes que practica, que son tres. Estos incluyen baloncesto, fútbol y béisbol. También tiene ropa de práctica para estos deportes. Brady también se encarga del equipo. Tiene una pelota, botellas de agua y canilleras para fútbol. También tiene un guante y un bate de béisbol. ¡Para estos deportes se requieren muchos elementos!

1. ¿Qué título brindaría a un lector más información sobre este texto?

(A) Cómo mantener el orden

(B) Equipo deportivo

(C) El dilema de Brady

(D) Camisetas

2. ¿Cuál es el escenario de este texto?

(A) un campo de béisbol

(B) en la práctica de fútbol

(C) la habitación de Brady

(D) la tienda de artículos deportivos

3. ¿Qué palabra tiene el mismo sonido vocálico que *todos*?

(A) agua

(B) lodo

(C) para

(D) tres

4. ¿Cuáles de estas palabras significan lo mismo?

(A) *todos* e *incluyen*

(B) *guarda* y *orden*

(C) *necesita* y *requiere*

(D) *elementos* y *deportes*

5. ¿Qué palabra describe mejor el lenguaje que se usa en este texto?

(A) dramático

(B) sofisticado

(C) conversacional

(D) informativo

1. (S)(N)

2. (S)(N)

3. (S)(N)

4. (S)(N)

5. (S)(N)

___ / 5

Total

NOMBRE: _____ **FECHA:** _____

Te envío las gracias

10 de marzo de 2012

Querida abuela:

Quería escribirte una nota para agradecerte por mi regalo. Llegó por correo ayer, el día anterior a mi cumpleaños. ¡Me encantan los libros! ¿Cómo sabías que estaba leyendo la serie sobre el antiguo Egipto? ¿Te dijo mi papá que me interesa ese tema?

También me encanta la ropa de fútbol. Mi temporada de primavera comienza en unas semanas y puedo usar esta ropa para la práctica de fútbol semanal. Realmente, espero anotar algunos goles esta temporada. Trabajaré muy duro para tratar de que así sea.

¿Cuándo podrás venir a visitarme? Te extraño mucho y espero que podamos vernos pronto. Sé que el viaje en avión es largo, pero realmente espero verte.

¿Te contó mi mamá que ya casi termino tercer grado? Solo me quedan seis semanas hasta las vacaciones de verano y no veo la hora de que llegue el receso. Iremos de campamento al río. Estoy muy entusiasmada por tirarme al agua con el columpio de cuerda. ¡Es lo mejor!

Te amo, abuela. Gracias nuevamente por mis regalos de cumpleaños.

Atentamente,

Greta

NOMBRE: _____ **FECHA:** _____

PUNTAJE

INSTRUCCIONES Lee "Te envío las gracias" y luego responde las preguntas.

1. Piensa en el título. ¿Qué predicción es la más precisa para la carta?

(A) Un personaje tiene que agradecerte, pero no quiere.

(B) Es una carta de agradecimiento para un familiar.

(C) Un personaje envía flores de agradecimiento en lugar de una carta.

(D) Un personaje agradece personalmente a otra persona.

2. ¿Cuál es el mensaje que la autora les envía a los lectores?

(A) Las vacaciones de verano siempre implican ir de campamento.

(B) Las abuelas viven lejos.

(C) Las notas de agradecimiento son importantes.

(D) El fútbol es una competencia salvaje.

3. ¿Quién podría establecer una relación con la experiencia de Greta?

(A) una persona a quien le encanta el verano

(B) un niño al que no le gusta ir de campamento

(C) un niño que quiere escribir notas de agradecimiento después de Navidad

(D) una persona que juega al fútbol

4. ¿Qué enunciado es verdadero sobre Greta?

(A) Ama a su abuela.

(B) Le gusta el antiguo Egipto.

(C) Tiene buenos modales.

(D) todas las opciones anteriores

5. ¿Qué lección podría aprender un lector a partir de esta carta?

(A) Enviar una nota de agradecimiento a un abuelo es una actitud atenta.

(B) Los cumpleaños implican recibir muchos regalos.

(C) Los nietos son consentidos.

(D) Las vacaciones de verano son para relajarse.

6. ¿Qué otro tipo de texto se parecería más a este texto?

(A) una biografía sobre el presidente

(B) un texto de no ficción sobre el antiguo Egipto

(C) un artículo periodístico sobre los columpios de cuerda

(D) una historia de ficción sobre una niña pequeña que prepara tarjetas para sus amigas

1. (S)(N)

2. (S)(N)

3. (S)(N)

4. (S)(N)

5. (S)(N)

6. (S)(N)

___ / 6

Total

NOMBRE: _____ **FECHA:** _____

PUNTAJE

___ / 4

INSTRUCCIONES Vuelve a leer el texto "Te envío las gracias". Luego, lee la instrucción y responde en las líneas a continuación.

Piensa en un regalo que alguien te haya dado. Escribe una nota de agradecimiento breve para esa persona. Asegúrate de incluir por qué te gustó el regalo.

_____

_____

_____

_____

_____

_____

_____

_____

_____

_____

_____

_____

_____

_____

_____

_____

NOMBRE: _____ **FECHA:** _____

INSTRUCCIONES Lee el texto y luego responde las preguntas.

Enfermarse es parte de la vida. Sin embargo, no tiene que pasar todo el tiempo. Algunas personas se ponen vacunas como ayuda para mantenerse saludables. Estas vacunas se llaman *inmunizaciones*. Mantienen el sistema inmunitario saludable. Este sistema ayuda al cuerpo a combatir las enfermedades. Las personas pueden reforzar el sistema inmunitario. Para esto, comen bien, descansan y hacen ejercicio.

1. Ⓢ Ⓝ

2. Ⓢ Ⓝ

3. Ⓢ Ⓝ

1. ¿De qué trata el texto?

Ⓐ El texto es sobre la vida.

Ⓑ El texto es sobre enfermedades.

Ⓒ El texto es sobre estar lejos de alguien que amas.

Ⓓ El texto es sobre lesiones.

4. ¿Qué palabra significa lo mismo que *reforzar*?

Ⓐ recetar

Ⓑ mejorar

Ⓒ soplar

Ⓓ golpear

4. Ⓢ Ⓝ

5. Ⓢ Ⓝ

2. ¿Qué título describe mejor la idea principal?

Ⓐ Vacunarse para mantenerse sano

Ⓑ Ir al médico

Ⓒ Cómo comer bien

Ⓓ El consejo de una madre

5. ¿Qué significa la expresión *combatir una enfermedad*?

Ⓐ hacerse una cirugía

Ⓑ mantenerse saludable

Ⓒ ir al médico

Ⓓ curarse

___ / 5

Total

3. ¿Cuál es la raíz en *saludable*?

Ⓐ saludo

Ⓑ salud

Ⓒ dar

Ⓓ sanar

NOMBRE: _____ FECHA: _____

INSTRUCCIONES Lee el texto y luego responde las preguntas.

Una forma de mantenerse saludable es consumir suficientes vitaminas. Las vitaminas están en los alimentos saludables. Ayudan al cuerpo a funcionar bien. Siempre es mejor obtener vitaminas de los alimentos. También puede tomarse una pastilla. Esta tiene nutrientes saludables dentro. ¡Una vitamina al día es cosa sana!

1. ⓈⓃ

2. ⓈⓃ

3. ⓈⓃ

4. ⓈⓃ

5. ⓈⓃ

___ / 5
Total

1. ¿Qué palabra resume mejor este texto?

Ⓐ vitaminas

Ⓑ médico

Ⓒ alimentos

Ⓓ adentro

2. ¿Cuál es la idea principal del texto?

Ⓐ Las vitaminas solo se encuentran en los alimentos.

Ⓑ Las vitaminas te ayudan a mantenerte saludable.

Ⓒ Los médicos quieren que tomes vitaminas.

Ⓓ Las vitaminas son solo para los adultos.

3. ¿Qué palabra tiene los sonidos vocálicos como en *bien*?

Ⓐ tiene

Ⓑ están

Ⓒ cosa

Ⓓ sana

4. ¿Qué palabra es el antónimo de *lejos*?

Ⓐ adentro

Ⓑ aquí

Ⓒ quedarse

Ⓓ tomado

5. ¿Con qué dicho popular está relacionada la frase *Una vitamina al día es cosa sana*?

Ⓐ Está lloviendo a cántaros.

Ⓑ Nuevo día, vieja rutina.

Ⓒ Está metida en un berenjenal.

Ⓓ Una manzana a diario es cosa sana.

NOMBRE: _____ **FECHA:** _____

INSTRUCCIONES Lee el texto y luego responde las preguntas.

Existe lo que se llama un germen bueno. Algunas formas de bacterias viven en nuestros intestinos. Ayudan al cuerpo a absorber los alimentos saludables que comemos. Otro es el tipo de bacteria que se usa para fabricar las vacunas. Estas vacunas ayudan al cuerpo a aprender a combatir las enfermedades.

1. (S)(N)

2. (S)(N)

1. ¿Qué título brindaría a un lector más información sobre este texto?

(A) Inyecciones en el consultorio médico

(B) Salud corporal

(C) Gérmenes buenos

(D) Síntomas de la gripe

4. ¿Cuáles dos palabras del texto son similares en significado?

(A) *tipo* y *forma*

(B) *combatir* y *aprender*

(C) *fabricar* y *deshacerse*

(D) *bueno* y *bacterias*

3. (S)(N)

4. (S)(N)

5. (S)(N)

2. ¿Qué entrada en un índice llevaría a los lectores a este texto?

(A) vacunas de la infancia

(B) bacterias útiles

(C) formas de ejercicio

(D) órganos del cuerpo

5. ¿Por qué la expresión *gérmenes buenos* es interesante?

(A) porque los gérmenes están vivos

(B) porque los gérmenes son solo para que los médicos se preocupen

(C) porque los gérmenes son impredecibles

(D) porque se cree que los gérmenes generalmente son malos

___ / 5

Total

3. ¿Qué palabra tiene el mismo grupo consonántico que la palabra *absorber*?

(A) abatir

(B) absoluto

(C) tubo

(D) obvio

NOMBRE: _____ FECHA:_____

¡Tápate la nariz!

Ahh…ahhhh…¡aaachíiiis! Ese estornudo fue sin taparse la nariz, así que los gérmenes vuelan por el aire. Es bastante repugnante pensarlo, ¿pero alguna vez te has preguntado sobre los gérmenes del cuerpo? Son organismos muy pequeños que viven dentro de nosotros. Un *organismo* es un ser vivo. Los gérmenes están vivos y pueden hacer que nos enfermemos. Es imposible mantener los gérmenes fuera del cuerpo. Son tan diminutos que ni siquiera nos damos cuenta de que están entrando al cuerpo. La única forma en que sabemos que los gérmenes nos enfermaron es cuando comenzamos a sentir síntomas. Podemos tener fiebre o un dolor de garganta. Podemos resfriarnos o tener dolor de cabeza.

Los gérmenes generalmente se esparcen por el aire. Salen en un estornudo, una tos o un suspiro. También pueden esparcirse por medio de la saliva, el sudor o la sangre. A veces, se transmiten al tocar algo. Por ejemplo, una persona puede tocarse la nariz y luego tocar una perilla de una puerta. Si alguien más toca esa perilla de inmediato, esta persona puede contraer esos gérmenes.

¿Cómo puedes protegerte de los gérmenes? La forma más importante de hacer esto es lavarse las manos. El agua y el jabón son los enemigos de los gérmenes. Arrastran los gérmenes. Por esto es tan importante lavarse las manos en el transcurso del día. Pero un lavado rápido no es suficiente. Las manos deben lavarse durante unos veinte segundos.

Mantenerse saludables también mantiene los gérmenes alejados. Esto significa descansar lo suficiente y no estar demasiado cansado. También significa comer alimentos saludables y hacer ejercicio. ¡Estos son los secretos para combatir los gérmenes!

NOMBRE: _____ **FECHA:**_____

INSTRUCCIONES Lee "¡Tápate la nariz!" y luego responde las preguntas.

1. ¿Qué propósito de lectura es más adecuado para este texto?

(A) aprender sobre acontecimientos importantes

(B) comparar dos cosas

(C) informarse

(D) persuadir

2. ¿Qué opinión sería más popular con este autor?

(A) Los gérmenes no se esparcen muy fácilmente.

(B) No usar un abrigo en el frío hará que te enfermes.

(C) Lavarse las manos es una forma importante de mantenerse saludable.

(D) Comer de manera saludable no mantiene los gérmenes alejados.

3. ¿Qué experiencia ayudaría más a un lector a comprender este texto?

(A) ponerse una venda

(B) preguntarle al médico sobre la fuente de una enfermedad

(C) tomar medicina para la tos

(D) tomar un baño

4. ¿Qué patrón organizativo coincide con este texto?

(A) Detalla la historia de un problema.

(B) Se comparan dos problemas.

(C) Cuenta un problema y las posibles soluciones.

(D) Detalla una situación que algunas personas creen que es un problema.

5. ¿Cuál es el punto más importante sobre los gérmenes?

(A) Las perillas de las puertas siempre están sucias.

(B) El lavado de manos debe durar cinco minutos.

(C) Los gérmenes se esparcen fácilmente, pero hay formas de protegernos de ellos.

(D) Los gérmenes solo se esparcen por medio de los estornudos.

6. ¿Qué detalle **no** respalda el tema del texto?

(A) Los gérmenes generalmente se esparcen por el aire.

(B) Puedes resfriarte.

(C) Los gérmenes pueden esparcirse por medio del tacto.

(D) El agua y el jabón son los enemigos de los gérmenes.

1. (S)(N)

2. (S)(N)

3. (S)(N)

4. (S)(N)

5. (S)(N)

6. (S)(N)

___ / 6

Total

NOMBRE: _____ FECHA:_____

PUNTAJE

___ / 4

INSTRUCCIONES Vuelve a leer "¡Tápate la nariz!". Luego, lee la instrucción y responde en las líneas a continuación.

Piensa en un momento en el que estuviste enfermo y un momento en el que estuviste sano. ¿En qué se diferenciaron esas dos experiencias para ti?

_____

_____

_____

_____

_____

_____

_____

_____

_____

_____

_____

_____

_____

_____

_____

_____

NOMBRE: _____ **FECHA:** _____

INSTRUCCIONES Lee el texto y luego responde las preguntas.

La nieve era tan hermosa de ver y de sentir. Cubría todo a nuestro alrededor. Nos preguntábamos cuánto tiempo tardaría en derretirse. Un patio cercano tenía tres muñecos de nieve. Nos imaginábamos esos muñecos de nieve cobrando vida, como Frosty. ¿Qué dirían y cómo sonarían? Las escenas invernales como estas son simplemente asombrosas.

1. Ⓢ Ⓝ

2. Ⓢ Ⓝ

3. Ⓢ Ⓝ

1. ¿Qué oración proporciona un resumen preciso del texto?

Ⓐ Cubría todo a nuestro alrededor.

Ⓑ Escenas invernales como estas son simplemente asombrosas.

Ⓒ Un patio cercano tenía tres muñecos de nieve.

Ⓓ ¿Qué dirían y cómo sonarían?

4. ¿Cuál es un sinónimo de *asombroso*?

Ⓐ frío

Ⓑ espectacular

Ⓒ blanco

Ⓓ confuso

4. Ⓢ Ⓝ

5. Ⓢ Ⓝ

2. ¿Cuál es la idea principal?

Ⓐ Frosty podía cobrar vida.

Ⓑ El invierno es hermoso.

Ⓒ La nieve cubre todo.

Ⓓ Los muñecos de nieve son lindos.

5. ¿Qué sentido se usa en este texto?

Ⓐ el gusto

Ⓑ el oído

Ⓒ la vista

Ⓓ el tacto

___ / 5

Total

3. ¿Qué palabra tiene los mismos sonidos vocálicos que *nieve*?

Ⓐ por

Ⓑ uno

Ⓒ liebre

Ⓓ cómo

NOMBRE: _____ **FECHA:** _____

INSTRUCCIONES Lee el texto y luego responde las preguntas.

Me pregunto qué estación disfruta más mi perro. Sé que le encanta el verano. Le encanta correr por la playa y perseguir las gaviotas. Creo que disfruta del otoño y saltar en las hojas conmigo. La primavera implica hacer caminatas más largas al sol. Los días de invierno con mi perro son lentos y relajantes. Pasamos un momento acogedor junto al fuego. Quizás mi perro simplemente es un tipo feliz durante todo el año.

1. Ⓢ Ⓝ

2. Ⓢ Ⓝ

3. Ⓢ Ⓝ

4. Ⓢ Ⓝ

5. Ⓢ Ⓝ

___ / 5
Total

1. ¿Qué respuesta suena como una buena predicción?

Ⓐ Creo que es sobre las gaviotas.

Ⓑ Leí rápidamente y vi la palabra *perro* muchas veces.

Ⓒ El texto describe un animal que disfruta las diferentes estaciones.

Ⓓ Noté que el lector cuenta la historia en primera persona.

2. ¿Qué título describe mejor la idea principal?

Ⓐ Corriendo en la playa

Ⓑ Un perro para todas las estaciones

Ⓒ Un tipo feliz

Ⓓ Los perros en el invierno

3. ¿Qué definición de la palabra *lento* se usa en este texto?

Ⓐ no rápido

Ⓑ que toma mucho tiempo

Ⓒ tranquilo

Ⓓ haragán

4. ¿Cuál es un antónimo de la palabra *acogedor*?

Ⓐ cálido

Ⓑ incómodo

Ⓒ tranquilo

Ⓓ cansado

5. ¿Por qué es interesante el hecho de que el narrador llame al perro *un tipo feliz*?

Ⓐ El perro es muy infeliz.

Ⓑ Es una metáfora para sí mismo.

Ⓒ Suena como si estuviera hablando de un ser humano.

Ⓓ Es el nombre del perro.

NOMBRE: _____ **FECHA:** _____

INSTRUCCIONES Lee el texto y luego responde las preguntas.

Josué va a trabajar todos los días en bicicleta, llueva o truene. Usa vestimenta impermeable especial para mantenerse seco en las mañanas húmedas. Cree que ir en bicicleta es una manera estupenda de comenzar el día. El viaje a casa le da tiempo para pensar y reflexionar sobre su día. Las calles generalmente están tranquilas. Hace que se pregunte por qué no son más personas las que van en bicicleta todos los días.

1. Ⓢ Ⓝ

2. Ⓢ Ⓝ

1. ¿Qué título brindaría a un lector más información sobre este texto?

Ⓐ Ir al trabajo

Ⓑ En bicicleta, llueva o truene

Ⓒ Un tonto ciclista

Ⓓ Reflexionar

2. ¿Por qué Josué disfruta de andar en bicicleta?

Ⓐ porque puede reflexionar sobre su día

Ⓑ porque puede disfrutar de las calles tranquilas

Ⓒ porque tiene tiempo para pensar

Ⓓ todas las opciones anteriores

3. ¿Qué palabra tiene la misma raíz que *húmedas*?

Ⓐ hace

Ⓑ húmedo

Ⓒ estupenda

Ⓓ personas

4. ¿Qué palabras en el texto son sinónimos?

Ⓐ *preguntarse* y *reflexionar*

Ⓑ *va* y *usa*

Ⓒ *día* y *mañana*

Ⓓ *pensar* y *tranquilo*

5. ¿Qué significa *llueva o truene*?

Ⓐ llueve muy fuerte

Ⓑ lluvia cálida

Ⓒ no importa de cómo esté el tiempo

Ⓓ secarse después de la lluvia

3. Ⓢ Ⓝ

4. Ⓢ Ⓝ

5. Ⓢ Ⓝ

___ / 5

Total

NOMBRE: _____ **FECHA:** _____

Escape del frío

Los dos niños sabían que era tiempo de que entraran. Tenían los dedos casi de color azul de hacer tantas bolas de nieves. Construyeron dos muñecos de nieve grandes e hicieron una estupenda guerra de bolas de nieve. Pero ahora estaban cansados y tenían frío.

Frank y Jack estaban en la casa porque se habían cancelado las clases. La tormenta trajo más de tres pulgadas de nieve nueva, y la temperatura fría había congelado la mayoría de las calles de la ciudad y las aceras. No había forma de que el autobús escolar pudiera subir por la colina hacia su casa. Por lo que los hermanos pudieron quedarse en casa. Frank tenía once años y Jack nueve, y ambos eran muy responsables. Sus padres tenían que ir a trabajar ese día y decidieron dejar a los niños solos en la casa. Los vecinos de al lado, los Packer, estaban en su casa ese día también, en caso de que los niños necesitaran ayuda.

Los niños entraron e inmediatamente se cambiaron la ropa. Se sentía mucho mejor estar secos y adentro, pero ambos necesitaban aún calentarse. Frank sugirió que hicieran una fogata. Jack pensó que una fogata era una mala idea. Les habían prometido a sus padres mantenerse seguros mientras ellos no estaban. A Jack le preocupaba que una fogata pudiera crecer y salirse de control. ¡No quería incendiar la casa!

Finalmente, los niños estuvieron de acuerdo. Una fogata no era una buena idea. ¿Pero cómo podían calentarse? Frank sugirió subir la calefacción. Jack sugirió meterse debajo de algunas mantas cálidas. De modo que hicieron eso. Ambos niños siguieron su propio consejo.

NOMBRE: _____ **FECHA:**_____

INSTRUCCIONES Lee "Escape del frío" y luego responde las preguntas.

1. ¿Cuál **no** es una buena predicción según el título del texto?

- Ⓐ Esta es una historia sobre una persona que tiene un resfrío.
- Ⓑ Esta historia es sobre ir adentro para calentarse.
- Ⓒ Esta historia sucede en un lugar frío.
- Ⓓ Esta historia ocurre en invierno.

2. ¿Cuál es la opinión del autor sobre quedarse solo en casa?

- Ⓐ Ningún niño debería quedarse solo.
- Ⓑ Los niños no pueden tomar buenas decisiones por su cuenta.
- Ⓒ Los niños no deben quedarse solos de noche.
- Ⓓ Los niños pueden quedarse en casa cuando siguen las reglas del hogar.

3. ¿Qué enunciado muestra una conexión con el texto?

- Ⓐ Odio los simulacros de incendio en la escuela.
- Ⓑ Me gusta el verano.
- Ⓒ Sigo las reglas de mi casa cuando mis padres no están.
- Ⓓ Hice una fogata cuando mi familia se fue de campamento.

4. ¿Qué palabra describe mejor a Frank y a Jack?

- Ⓐ cansados
- Ⓑ responsables
- Ⓒ absurdos
- Ⓓ descuidados

5. ¿Qué tema corresponde a este texto?

- Ⓐ Un día nevado en casa es aburrido.
- Ⓑ Los autobuses escolares no pueden moverse muy bien en calles nevadas.
- Ⓒ Los hermanos pueden ayudarse a ser responsables y seguir instrucciones.
- Ⓓ Es seguro hacer una fogata en casa.

6. ¿A qué tipo de texto se parece esta historia?

- Ⓐ una historia de aventura sobre dos niños que usan una máquina del tiempo
- Ⓑ un texto de no ficción sobre la nieve
- Ⓒ una historia de ficción sobre tomar la decisión correcta
- Ⓓ un poema sobre los hermanos

1. Ⓢ Ⓝ

2. Ⓢ Ⓝ

3. Ⓢ Ⓝ

4. Ⓢ Ⓝ

5. Ⓢ Ⓝ

6. Ⓢ Ⓝ

___ / 6
Total

NOMBRE: _____ **FECHA:** _____

INSTRUCCIONES Vuelve a leer "Escape del frío". Luego, lee la instrucción y responde en las líneas a continuación.

Piensa en formas en que podrías mantenerte a salvo cuando estás solo. ¿Cómo puedes mantenerte a salvo cuando estás solo en casa?

_____

_____

_____

_____

_____

_____

_____

_____

_____

_____

_____

_____

_____

_____

_____

_____

NOMBRE: _____ **FECHA:** _____

INSTRUCCIONES   Lee el texto y luego responde las preguntas.

Sir Edmund Hillary era un hombre increíble. Fue la primera persona en alcanzar la cima del monte Everest. Lo hizo en 1953. Sentía mucha curiosidad por esta parte del mundo. Regresó al área después de escalarlo. Recaudó fondos para ciudades pequeñas cerca del Everest. Este dinero ayudó a las personas a construir puentes y escuelas. También se construyeron hospitales. Trabajó arduamente para hacer un mundo mejor.

1. Ⓢ Ⓝ

2. Ⓢ Ⓝ

3. Ⓢ Ⓝ

1. ¿Qué imagen describiría mejor este texto a un lector?

Ⓐ una fotografía de una escuela

Ⓑ una imagen del dinero usado en esta parte del mundo

Ⓒ un cuadro que muestra la cantidad de hogares construidos

Ⓓ una fotografía de Sir Edmund Hillary

2. ¿Qué título refleja la idea principal?

Ⓐ Hasta la cima

Ⓑ El asombroso Sir Edmund

Ⓒ Construcción de puentes

Ⓓ Partes del mundo

3. ¿Qué crees que significa *recaudó* en este texto?

Ⓐ recolectó

Ⓑ cobró dinero

Ⓒ guardó dinero

Ⓓ rescató

4. ¿Cuál es la definición de *fondos* según este texto?

Ⓐ suministros

Ⓑ cuentas

Ⓒ tesoros

Ⓓ dinero

4. Ⓢ Ⓝ

5. Ⓢ Ⓝ

5. ¿Cuál es la opinión del autor sobre Sir Edmund Hillary?

Ⓐ El autor duda de sus logros.

Ⓑ El autor lo respeta.

Ⓒ El autor no lo comprende.

Ⓓ El autor está confundido con él.

___ / 5
Total

NOMBRE: _____ FECHA:_____

PUNTAJE

INSTRUCCIONES Lee el texto y luego responde las preguntas.

1. Ⓢ Ⓝ

El monte Everest es una montaña alta. Está en la frontera del Tíbet y Nepal. La India está cerca. Hay muchas cimas altas en el área. Los diez picos más altos del mundo están allí. Los picos son bastante antiguos. El monte Everest se formó hace sesenta millones de años. Y hasta ahora sigue creciendo. Crece unas dos pulgadas todos los años.

2. Ⓢ Ⓝ

3. Ⓢ Ⓝ

1. ¿Qué tema es el enfoque principal de este texto?

Ⓐ Tíbet

4. Ⓢ Ⓝ

Ⓑ Nepal

Ⓒ monte Everest

5. Ⓢ Ⓝ

Ⓓ picos antiguos

4. ¿Cuál es un sinónimo de *picos*?

Ⓐ árboles

Ⓑ curvas

Ⓒ cimas de montañas

Ⓓ plantas

2. ¿Qué palabra se encontraría más probablemente en el glosario de este texto?

___ / 5

Total

Ⓐ años

Ⓑ cimas

Ⓒ diez

Ⓓ hasta

5. ¿Qué tipo de texto incluiría un lenguaje similar al que se usa en este texto?

Ⓐ un libro de estudios sociales

Ⓑ un libro de chistes

Ⓒ una carta

Ⓓ una nota de agradecimiento

3. ¿Cuáles palabras tienen los mismos sonidos vocálicos?

Ⓐ *altos* y *años*

Ⓑ *diez* y *dos*

Ⓒ *en* y *allí*

Ⓓ *son* y *picos*

NOMBRE: _____ **FECHA:** _____

INSTRUCCIONES Lee el texto y luego responde las preguntas.

Los alpinistas deben usar ropas especiales que los protegen de la nieve y del frío. Usan muchas capas que los ayudan a mantenerse calientes. Esto incluye guantes, sombreros y anteojos. También deben usar herramientas especiales. Una *piqueta de alpinista* ayuda a romper el hielo. Un *regulador* es una herramienta que brinda oxígeno a los alpinistas. Lo necesitan en la parte superior del pico, donde el aire tiene niveles bajos de oxígeno. Los alpinistas también necesitan una radio en caso de que necesiten solicitar ayuda.

1. Ⓢ Ⓝ

2. Ⓢ Ⓝ

3. Ⓢ Ⓝ

1. ¿Qué palabra ayudaría a un lector a hacer una predicción después de hacer una vista a del texto?

Ⓐ cálido

Ⓑ ropa

Ⓒ brinda

Ⓓ hielo

4. ¿Cuál de estas palabras tiene la misma raíz que *hielo*?

Ⓐ hielera

Ⓑ helado

Ⓒ heno

Ⓓ anhelo

4. Ⓢ Ⓝ

5. Ⓢ Ⓝ

2. ¿Qué imagen le serviría a un lector para comprender esta información?

Ⓐ una fotografía de una montaña

Ⓑ una fotografía de un alpinista usando ropas especiales

Ⓒ una fotografía de hielo y nieve

Ⓓ una imagen del rostro de un alpinista

5. ¿Cuál es el propósito del autor?

Ⓐ El autor usa los hechos para enseñar sobre la ropa de un alpinista.

Ⓑ El autor usa bromas para que la gente se ría de las herramientas.

Ⓒ El autor compara los escaladores de montañas con los escaladores de rocas.

Ⓓ El autor usa los hechos para compartir la biografía de un alpinista famoso.

___ / 5

Total

3. ¿Qué podría agregarse a *prote–* para formar otra palabra?

Ⓐ –dad

Ⓑ –cción

Ⓒ –mente

Ⓓ –ista

NOMBRE: _____ FECHA:_____

El monte Everest

El monte Everest es la montaña más alta del mundo. Mide más de 29,000 pies de alto. Se encuentra en el centro del Himalaya. El monte Everest está en la frontera del Tíbet y Nepal.

Las personas están muy interesadas en este asombroso pico. La montaña se ha convertido en un desafío para algunos. Las personas entrenan para escalarlo, pero llegar a la cima del monte Everest no es fácil. La altitud requiere atención especial. No hay mucho oxígeno allí arriba. El cuerpo de una persona debe adaptarse. Escalar lleva tiempo. El cuerpo debe acostumbrarse a los bajos niveles de oxígeno.

Los campamentos base del monte Everest quedan donde los alpinistas comienzan a escalar. Estos campamentos están en lados opuestos del monte Everest. También están muy altos. Miden más de 16,000 pies de alto. Los alpinistas descansan en los campamentos base. Empacan y alistan sus suministros antes de comenzar a escalar. Hay otros campamentos en el camino a la cima. Lleva tiempo llegar hasta cada campamento. Los alpinistas pasan tiempo en los campamentos. Aquí es donde los alpinistas se detienen para adaptarse a la elevación.

La parte más alta de la montaña se llama la *cima*. Está cubierta con mucha nieve. La nieve permanece allí todo el año. ¡Hace mucho frío allí arriba! El viento también puede soplar muy fuerte. Esto hace que la escalada sea bastante riesgosa. Los alpinistas deben estar muy seguros. Usan ropas especiales que los mantienen abrigados. También evitan que se caigan.

Hay personas que trabajan para ayudar a los alpinistas. Se llaman *sherpas*. Ellos llevan las carpas y también cocinan los alimentos. Hacen este trabajo para mantener a sus familias. Los sherpas a menudo usan de ayuda a los yac. Los yac son animales fuertes. Ayudan a transportar bienes hasta la montaña.

el monte Everest

Alcanzar la cima es un logro increíble. No muchos humanos pueden hacer una tarea tan difícil. Lamentablemente, no todos sobreviven la expedición al monte Everest. Más de 200 personas han muerto escalando la montaña. Este triste hecho recuerda a las personas el peligro al escalar.

Es el sueño de muchos pararse en la cima del monte Everest. Dicen que se sienten en la cima del mundo. Se requiere valentía y trabajo arduo para hacerlo.

NOMBRE: _____ FECHA:_____

INSTRUCCIONES Lee "El monte Everest" y luego responde las preguntas.

1. ¿Cuál es el propósito del autor?

(A) entretener

(B) persuadir a escalar una montaña

(C) aprender sobre el monte Everest y el alpinismo

(D) aprender sobre el cambio climático

2. ¿Con qué enunciado estaría probablemente de acuerdo el autor?

(A) El alpinismo es muy peligroso para intentarlo.

(B) Todos deberían intentar escalar el monte Everest.

(C) Escalar el monte Everest es una aventura increíble.

(D) Viajar tan lejos para escalar una montaña es tonto.

3. ¿Qué enunciado refleja una experiencia anterior relacionada con el texto?

(A) Mi mamá entrenó durante meses para correr una maratón.

(B) Hoy está nevado.

(C) Puedo ver una colina desde mi patio.

(D) Vi un gato trepar un árbol.

4. El primer párrafo del texto

(A) presenta el tema.

(B) describe un problema.

(C) compara y contrasta dos montañas famosas.

(D) no coincide con el resto del texto.

5. ¿Cuál es la idea principal?

(A) El monte Everest es un lugar increíble y las personas que lo escalan son valientes y fuertes.

(B) Murieron personas escalando el monte Everest.

(C) Los sherpas hace que escalar valga la pena.

(D) Hay dos campamentos base.

6. ¿Por qué los alpinistas son valientes?

(A) porque ayudan a los sherpas a ganarse la vida

(B) porque hacen cosas buenas por la Tierra

(C) porque escalar es un pasatiempo peligroso

(D) porque no saben lo que están haciendo

1. (S)(N)

2. (S)(N)

3. (S)(N)

4. (S)(N)

5. (S)(N)

6. (S)(N)

___ / 6
Total

NOMBRE: _____ **FECHA:** _____

INSTRUCCIONES Vuelve a leer "El monte Everest". Luego, lee la instrucción y responde en las líneas a continuación.

Escalar el monte Everest es una tarea gigantesca. Requiere planificación especial y mucho coraje. ¿Te gustaría escalar el monte Everest? Explica tu razonamiento.

_____

_____

_____

_____

_____

_____

_____

_____

_____

_____

_____

_____

_____

_____

_____

NOMBRE: _____ **FECHA:** _____

INSTRUCCIONES Lee el texto y luego responde las preguntas.

"Planificar una fiesta de cumpleaños es difícil", pensó Jenna. No podía elegir a cuáles de sus amigos invitar. Jenna haría una fiesta de pijamas, de modo que sus padres pensaban que solo debía invitar unos pocos. Era difícil reducir la lista. Jenna tenía amigos en la escuela. Tenía amigos en su equipo de fútbol. Tenía amigos del campamento de verano. No sabía cómo incluir a todos en un solo evento.

1. (S)(N)

2. (S)(N)

3. (S)(N)

1. ¿Qué palabra describiría mejor este texto al lector?

(A) verano

(B) amigos

(C) fiesta de pijamas

(D) fútbol

4. ¿Cuál es la definición de *reducir* según este texto?

(A) hacer más delgado

(B) hacer más fino

(C) hacer más pequeño

(D) cerrado

4. (S)(N)

5. (S)(N)

2. ¿Qué título describe mejor la idea principal?

(A) Haciendo una lista

(B) Una opción difícil

(C) El día de Jenna

(D) Planificando la fiesta

5. ¿Qué oración describe mejor este texto?

(A) El texto describe una situación graciosa.

(B) El texto detalla un acontecimiento.

(C) El texto describe un problema.

(D) El texto indica pasos en un orden determinado.

___ / 5
Total

3. ¿Qué palabra tiene el mismo sonido vocálico que *tener*?

(A) beber

(B) todos

(C) cuadro

(D) pagaron

NOMBRE: _____ **FECHA:** _____

INSTRUCCIONES Lee el texto y luego responde las preguntas.

1. Ⓢ Ⓝ

2. Ⓢ Ⓝ

La clase decidió hacer un gráfico. Querían mostrar sus estaciones favoritas. Hicieron un gráfico de barras. Tenía una sección para cada una de las cuatro estaciones. El maestro ayudó a contar los votos y organizó los datos. Luego, la clase escuchó los resultados. ¡El verano era la estación favorita!

3. Ⓢ Ⓝ

1. ¿Qué indica la primera oración sobre este texto?

Ⓐ El texto es sobre una prueba de matemáticas.

4. Ⓢ Ⓝ

Ⓑ El texto es sobre hacer gráficos.

5. Ⓢ Ⓝ

Ⓒ El texto es sobre odiar las matemáticas.

Ⓓ El texto es sobre geometría.

___ / 5
Total

2. ¿Cuál es el acontecimiento principal?

Ⓐ La clase hizo dibujos sobre sus animales favoritos.

Ⓑ La clase hizo gráficos sobre sus estaciones favoritas.

Ⓒ La mayor parte de la clase le gusta más el verano.

Ⓓ No hay argumento.

3. ¿Qué palabra tiene el mismo grupo consonántico que *mostrar*?

Ⓐ esperar

Ⓑ estrella

Ⓒ cómo

Ⓓ raro

4. ¿Cuál de las siguientes palabras es un sinónimo de *datos*?

Ⓐ barra

Ⓑ estudiantes

Ⓒ información

Ⓓ fecha

5. ¿Qué tipo de texto incluiría un vocabulario similar al que se usa en este texto?

Ⓐ una enciclopedia

Ⓑ un libro de poesías

Ⓒ una carta

Ⓓ un libro de texto de matemáticas

NOMBRE: _____ FECHA: _____

Lee el texto y luego responde las preguntas.

PUNTAJE

José no era un niño competitivo. No le gustaba ganar y tampoco perder. En realidad, no le gustaba competir para nada. Por este motivo, a José no le gustaban la mayoría de los deportes. Creía que era una pérdida de tiempo jugar en un equipo. Sin embargo, le gustaba mover el cuerpo y hacer ejercicio. José eligió la natación. Era una forma tranquila de hacer ejercicio. No había competencia. Solo estaba José en el agua, moviéndose y avanzando.

1. Ⓢ Ⓝ

2. Ⓢ Ⓝ

3. Ⓢ Ⓝ

1. ¿Qué pregunta sobre el texto ayudaría a los lectores a hacer una lectura rápida?

Ⓐ ¿Cómo nadas?

Ⓑ ¿Cómo juegas al fútbol americano?

Ⓒ ¿Cómo hace ejercicio José?

Ⓓ ¿Dónde dan las lecciones de natación?

2. ¿Cuál es el conflicto principal de este texto?

Ⓐ Nadar es muy difícil para José.

Ⓑ José piensa que la mayoría de los deportes son una pérdida de tiempo, pero le gusta hacer ejercicio.

Ⓓ Unirse al equipo de fútbol es muy caro.

Ⓓ José perdió las pruebas de fútbol.

3. ¿Qué palabra forma una nueva palabra si se le agrega el prefijo des–?

Ⓐ hacer

Ⓑ jugar

Ⓒ adelante

Ⓓ moverse

4. ¿Cuál de estas palabras tiene la misma raíz que nadar?

Ⓐ naranja

Ⓑ declaración

Ⓒ aclaración

Ⓓ nadador

5. ¿Qué símil describe la experiencia de José mientras nada?

Ⓐ tan rápido como la luz

Ⓑ más silencioso que un ratón

Ⓒ sorprendente como una estrella fugaz

Ⓓ tan estridente como un petardo

4. Ⓢ Ⓝ

5. Ⓢ Ⓝ

___ / 5
Total

NOMBRE: _____   **FECHA:** _____

El dilema de la fiesta en la piscina

Marco quería hacer una fiesta en la piscina por su cumpleaños. Hizo una lista de amigos a los que quería invitar. Su mamá le dijo que seis amigos sería un buen número. Quería poder supervisar a todos los niños de manera segura mientras jugaban en la piscina. Marco hizo seis invitaciones en su casa. Luego, las llevó a la escuela al día siguiente. Se las entregó a cada uno de sus amigos. Max, Sam, Kai, Liam y Félix estaban emocionados. Cada uno le dijo a Marco que estaban seguros de que irían. Marco le dio la invitación a su último invitado, Aidan. Aidan dudó. Sonrió y estaba evidentemente feliz de ir. Pero algo no andaba bien. Marco no estaba seguro de qué era, pero podía asegurar que algo sucedía con Aidan.

Esa noche, la mamá de Marco recibió una llamada. Era la mamá de Aidan. Las madres hablaron y se despidieron. La mamá de Marco se acercó a hablar con Marco. Sabía qué sucedía con Aidan. Le dijo a Marco:

—Aidan quiere venir a tu fiesta. Le caes muy bien. Piensa que eres un buen amigo.

—Entonces, ¿qué ocurre mamá? —preguntó Marco.

—Aidan no sabe nadar muy bien —dijo la mamá—. Se pone nervioso en el agua. Cree que los niños se pueden burlar de él si ven que le tiene miedo al agua.

Eso tenía mucho sentido. Ahora Marco comprendía por qué Aidan actuó de manera extraña cuando recibió la invitación.

—Está bien, mamá. Nunca me burlaría de Aidan, especialmente si viene a mi fiesta —dijo Marco. Marco y su mamá conversaron, y decidieron que ayudarían a Aidan durante la fiesta. Los niños solo nadarían en la parte baja de la piscina. De esa manera, nadie podría darse cuenta de que Aidan estaba nervioso en el agua profunda. Aidan aún podría venir a la fiesta y pasar un buen rato. Era una buena solución. Todos estaban contentos, y la fiesta de Marco fue un éxito.

NOMBRE: _____ **FECHA:** _____

INSTRUCCIONES Lee "El dilema de la fiesta en la piscina" y luego responde las preguntas.

1. ¿Cuál es el problema del texto?

- Ⓐ decidir qué servir en una fiesta en la piscina
- Ⓑ decidir dónde nadar
- Ⓒ un invitado que no nada bien
- Ⓓ cómo usar protector solar en la piscina

2. ¿Cómo se siente probablemente este autor sobre la amistad?

- Ⓐ Los buenos amigos compran obsequios de cumpleaños grandes para los demás.
- Ⓑ Un buen amigo se asegura de que un invitado esté contento.
- Ⓒ A veces los buenos amigos se hacen bromas.
- Ⓓ Los buenos amigos siempre mantienen secretos.

3. ¿Qué muestra una conexión personal con el texto?

- Ⓐ Prefiero meterme en una tina caliente que en una piscina.
- Ⓑ He estado en un parque acuático.
- Ⓒ Hice una fiesta de pijamas y ayudé a mi amigo que tenía miedo de estar lejos de su mamá.
- Ⓓ A mi familia le gustan los pastelitos.

4. ¿Qué palabra usarías para describir a Marco?

- Ⓐ activo
- Ⓑ estropeado
- Ⓒ amable
- Ⓓ molesto

5. ¿Cuál es el tema de este texto?

- Ⓐ A nadie le gusta una persona que se queja.
- Ⓑ Si no puedes mantenerte a la par del grupo, quédate en casa.
- Ⓒ Puedes burlarte de tu amigo si es tu cumpleaños.
- Ⓓ Trata a tus amigos como te gustaría que te trataran.

6. ¿Qué tipo de texto está estrechamente relacionado con el tema de esta historia?

- Ⓐ un libro con instrucciones sobre cómo hacer invitaciones
- Ⓑ un libro de cocina
- Ⓒ una enciclopedia
- Ⓓ un poema sobre un amigo que ayuda a otro amigo

1. Ⓢ Ⓝ

2. Ⓢ Ⓝ

3. Ⓢ Ⓝ

4. Ⓢ Ⓝ

5. Ⓢ Ⓝ

6. Ⓢ Ⓝ

___ / 6
Total

NOMBRE: _____ **FECHA:**_____

PUNTAJE

___ / 4

INSTRUCCIONES Vuelve a leer "El dilema de la fiesta en la piscina".
Luego, lee la instrucción y responde en las líneas a
continuación.

Piensa en cómo Marco manejó el problema con Aidan en esta historia.
¿Crees que hubieras hecho lo mismo? Explica tu razonamiento.

_____

_____

_____

_____

_____

_____

_____

_____

_____

_____

_____

_____

_____

_____

_____

_____

_____

NOMBRE: _____ **FECHA:**_____

INSTRUCCIONES Lee el texto y luego responde las preguntas.

Shaun White es un practicante de snowboard famoso. Ganó muchos concursos en este deporte. Ganó una medalla de oro en snowboard. Esto ocurrió en 2006. Ganó una carrera en los Juegos Olímpicos. Ganó otra medalla de oro en 2010. Shaun ha practicado este deporte por mucho tiempo. También le encanta andar en patineta. Al principio era esquiador. Luego, decidió cambiar.

1. Ⓢ Ⓝ

2. Ⓢ Ⓝ

3. Ⓢ Ⓝ

1. ¿Qué pregunta sobre el texto ayudaría a los lectores a hacer una lectura rápida?

Ⓐ ¿Quién es Shaun White?

Ⓑ ¿Qué es una patineta?

Ⓒ ¿Qué medalla olímpica ganaría yo?

Ⓓ ¿Cuándo nació Shaun?

2. ¿Qué título se adapta mejor al texto?

Ⓐ Esquí y snowboard

Ⓑ Medallas de oro

Ⓒ Shaun White

Ⓓ Un joven que anda en patineta

3. ¿Qué palabra tiene el mismo sonido vocálico que *oro*?

Ⓐ cara

Ⓑ santo

Ⓒ niña

Ⓓ loro

4. Ⓢ Ⓝ

5. Ⓢ Ⓝ

4. ¿Cuál es el antónimo de *famoso*?

Ⓐ joven

Ⓑ real

Ⓒ desconocido

Ⓓ gracioso

___ / 5
Total

5. ¿Qué palabra describe el tono del texto?

Ⓐ informativo

Ⓑ enojado

Ⓒ divertido

Ⓓ persuasivo

NOMBRE: _____ FECHA:_____

1. Ⓢ Ⓝ

2. Ⓢ Ⓝ

3. Ⓢ Ⓝ

4. Ⓢ Ⓝ

5. Ⓢ Ⓝ

___ / 5
Total

INSTRUCCIONES Lee el texto y luego responde las preguntas.

A los practicantes de snowboard les gusta correr riesgos y disfrutan de la emoción de una divertida vuelta por la nieve. A muchos aficionados del deporte les gusta practicar snowboard en medios tubos, que son una estructura en forma de U. Los aficionados se mueven de un lado de la estructura al otro lado. Saltan y hacen trucos dentro del medio tubo. El medio tubo comenzó con los monopatinadores. Ahora lo disfrutan los practicantes de snowboard. Se requiere mucha práctica para hacer algunos trucos de snowboard, ¡pero de seguro es muy divertido!

1. ¿Qué indica la primera oración sobre este texto?

Ⓐ El texto es sobre practicantes de snowboard.

Ⓑ El texto es sobre dar una vuelta.

Ⓒ El texto es sobre la seguridad en la nieve.

Ⓓ El texto es sobre un riesgo.

2. ¿Qué título de capítulo ayudaría a un lector a encontrar esta información en un índice?

Ⓐ Cómo hacer trucos

Ⓑ La emoción de una vuelta en snowboard

Ⓒ Saltando y girando

Ⓓ Un día divertido

3. ¿Cuáles dos palabras del texto tienen los mismos sonidos vocálicos?

Ⓐ los y les

Ⓑ emoción y vuelta

Ⓒ truco y tubo

Ⓓ vuelta y mueven

4. ¿Cuál de las siguientes palabras es un sinónimo de riesgos?

Ⓐ elecciones

Ⓑ probabilidades de que algo salga mal

Ⓒ marchas

Ⓓ velocidades

5. ¿Qué tipo de texto es más similar a este texto?

Ⓐ una historia sobre deportes emocionantes

Ⓑ un libro de poesías

Ⓒ una lista de instrucciones

Ⓓ un libro de texto de matemáticas

 126831—180 Days of Reading—Spanish

NOMBRE: _____ FECHA: _____

INSTRUCCIONES Lee el texto y luego responde las preguntas.

Las personas que disfrutan los deportes en la nieve deben estar seguras. Las condiciones con nieve y hielo pueden ser peligrosas. Una cosa que puede ocurrir en la montaña es una *avalancha*. No ocurren seguido, pero pueden ocurrir. Una avalancha es un flujo rápido de nieve que desciende por una colina. Las avalanchas ocurren en pendientes muy empinadas.

1. Ⓢ Ⓝ

2. Ⓢ Ⓝ

1. ¿Qué tipo de imagen describiría mejor este texto a un lector?

Ⓐ una lista de qué llevar en un viaje a la nieve

Ⓑ un río

Ⓒ una fotografía de una avalancha

Ⓓ una imagen de una montaña en el verano

2. ¿Qué palabra se encontraría probablemente en el glosario?

Ⓐ atrapado

Ⓑ deportes

Ⓒ avalancha

Ⓓ personas

3. ¿Qué palabra del texto forma una nueva al agregar a la raiz –endo?

Ⓐ avalancha

Ⓑ flui(r)

Ⓒ segur(o)

Ⓓ serio

4. ¿Cuál de estas palabras tiene la misma raíz que *seguro*?

Ⓐ seguridad

Ⓑ azafranar

Ⓒ maduro

Ⓓ seguir

5. ¿Qué enunciado sobre el texto es verdadero?

Ⓐ El autor usa hechos para enseñar sobre las avalanchas.

Ⓑ El autor usa palabras graciosas para entretener a los lectores.

Ⓒ El autor compara las avalanchas con las erupciones volcánicas.

Ⓓ El autor usa hechos para enseñar a las personas a esquiar.

3. Ⓢ Ⓝ

4. Ⓢ Ⓝ

5. Ⓢ Ⓝ

___ / 5
Total

NOMBRE: _____ FECHA:_____

Yendo por las pendientes

Visita cualquier centro de esquí en el mundo. Definitivamente, verás muchos esquiadores en las pendientes. También verás algunos practicantes de snowboard. Estos dos deportes no siempre compartieron el espacio de manera tan armoniosa. Tardó tiempo para que las personas aceptaran el snowboard. En la actualidad, es uno de los deportes de invierno más populares.

Muchas personas creen que el snowboard es un deporte reciente. No es verdad. Hay pruebas de que existe el snowboard desde la década de 1920. Usaban madera o tablas de barriles. Usaban las riendas de caballo u otro tipo de amarre. Esto ayudaba a mantener la tabla unida a los pies. Estos primeros aficionados del deporte andaban sobre la nieve.

Muchos años después, otros se inspiraron para intentar lo mismo. En 1965, se tomó una fotografía de una idea única de un esquiador. Ató dos esquís juntos. Colocó una cuerda en el frente para que fuera más fácil conducirlos. El esquiador llamó a esto *Snurfer (surfeador de la nieve)*. Pensó que era como una tabla de surf para la nieve. La idea tuvo éxito.

Se difundió más en la década de 1970. Más y más esquiadores estaban interesados en el deporte. No obstante, era difícil hallar un lugar para practicar snowboard. Algunos centros solo permitían el esquí. Todo comenzó a cambiar en la década de 1980.

Poco después, el resto del mundo comenzó a conocer el deporte. Debutó en los Juegos Olímpicos en 1998. Continuó sumando aficionados. Los niños más jóvenes que habían comenzado a practicar snowboard se volvieron bastante buenos. Hubo concursos. Las leyendas comenzaron a surgir. Estos atletas estaban en la cima del deporte. Podían hacer cosas maravillosas. Las personas estaban cautivadas.

En la actualidad, el snowboard aún sigue siendo popular. Muchos jóvenes lo intentan. Los aficionados mayores también siguen yendo por las pendientes.

NOMBRE: _____ **FECHA:** _____

PUNTAJE

INSTRUCCIONES Lee "Exploración de las pendientes" y luego responde las preguntas.

1. ¿Qué predicción es la más adecuada según el título de este texto?

(A) Este texto es sobre el snowboard.

(B) Este texto es sobre monopatinaje.

(C) Este texto es sobre esquí en el agua.

(D) Este texto es sobre surf.

2. ¿Cuál es el propósito del autor?

(A) comparar el esquí con el snowboard

(B) compartir hechos sobre la vida de un famoso esquiador

(C) enseñar a practicar el snowboard

(D) compartir la historia del snowboard

3. ¿Qué enunciado refleja una experiencia anterior relacionada con el texto?

(A) Detesto la nieve.

(B) Tomé lecciones y fui a practicar snowboard el invierno pasado.

(C) Jugué en mi equipo de fútbol en segundo grado.

(D) Quiero visitar las montañas.

4. ¿Cómo está organizado este texto?

(A) una comparación de snowboard y monopatinaje

(B) una historia cronológica del snowboard

(C) una lista de pasos sobre cómo pararse en la tabla de snowboard

(D) una historia cronológica de los deportes de invierno en los Juegos Olímpicos

5. ¿Cuál es la idea principal?

(A) El snowboard es cada vez más inusual.

(B) El snowboard es un deporte popular con una historia interesante.

(C) El snowboard es muy peligroso para intentarlo.

(D) El snowboard es un secreto para la mayoría de las personas.

6. ¿Por qué el snowboard es popular?

(A) Los jóvenes lo intentan.

(B) Los aficionados antiguos lo disfrutan.

(C) La mayoría de los centros de esquí lo permiten ahora.

(D) todas las opciones anteriores

1. (S)(N)

2. (S)(N)

3. (S)(N)

4. (S)(N)

5. (S)(N)

6. (S)(N)

___ / 6

Total

NOMBRE: _____ FECHA:_____

INSTRUCCIONES Vuelve a leer "Exploración de las pendientes". Luego, lee la instrucción y responde en las líneas a continuación.

Este texto describe la historia del snowboard. ¿Cuáles son tus opiniones sobre este deporte? ¿Te gustaría intentarlo? Explica tu razonamiento.

_____

_____

_____

_____

_____

_____

_____

_____

_____

_____

_____

_____

_____

_____

_____

NOMBRE: _____ FECHA: _____

INSTRUCCIONES Lee el texto y luego responde las preguntas.

Ana no tenía muchos amigos en su clase. No estaba segura por qué. Se llevaba bien con todos, pero en realidad quería una mejor amiga.

—¿Te gustaría ser mi mejor amiga? —le preguntó a Pam un día.

—¿Y qué hay de Nina o Sara? —preguntó Pam—. Ellas les dicen a todos que son tus mejores amigas. Pero dicen que nunca juegas con ellas.

Ana detectó el problema inmediatamente. Estaba tan ocupada buscando una mejor amiga que se había olvidado de ser una buena amiga.

1. Ⓢ Ⓝ

2. Ⓢ Ⓝ

3. Ⓢ Ⓝ

4. Ⓢ Ⓝ

5. Ⓢ Ⓝ

___ / 5
Total

1. ¿Qué palabras describirían mejor el texto a un lector antes de leerlo?

Ⓐ niñas

Ⓑ ocupado

Ⓒ amigas

Ⓓ jugar

2. ¿Qué título describe mejor la idea principal de este texto?

Ⓐ Ana y Pam

Ⓑ Buscando amigas

Ⓒ Hablar con amigas

Ⓓ Un día fatal

3. ¿Qué parte de una palabra podrías agregar a la raíz *simple* para formar una nueva?

Ⓐ *–er*

Ⓑ *des–*

Ⓒ *–mente*

Ⓓ *in–*

4. ¿Qué palabra es antónimo de *inmediatamente*?

Ⓐ detenidamente

Ⓑ al instante

Ⓒ más tarde

Ⓓ nunca

5. El lenguaje en el texto se describe mejor como

Ⓐ persuasivo.

Ⓑ formal.

Ⓒ técnico.

Ⓓ informal.

NOMBRE: _____ **FECHA:** _____

INSTRUCCIONES Lee el texto y luego responde las preguntas.

Ted quería aprender un nuevo deporte. Su hermano jugaba al fútbol y su hermana era una buena nadadora. A Ted le encantaba dibujar, pero también quería mejorar en los deportes. No estaba seguro de qué hacer. Le preocupaba que era lento como una tortuga, pero Ted sabía que tenía un buen ojo para la pelota. Ted tuvo una idea perfecta. Decidió jugar tenis. Sabía que sería bueno buscando la pelota y no tendría que correr por una cancha muy grande.

1. (S)(N)

2. (S)(N)

3. (S)(N)

4. (S)(N)

5. (S)(N)

___ / 5
Total

1. ¿Qué predicción es más precisa después de hacer una vista previa de la primera oración del texto?

(A) La historia es sobre aprender un deporte nuevo.

(B) La historia es sobre rendirse cuando algo es muy difícil.

(C) La historia es sobre unirse a un equipo de fútbol americano.

(D) La historia es sobre practicar un deporte para estar con tu amigo.

2. ¿Cuál es el conflicto principal del texto?

(A) El hermano de Ted es mejor en los deportes que él.

(B) Ted quiere aprender un deporte nuevo, pero no sabe qué deporte es adecuado para él.

(C) Ted quiere ser un artista, pero sus padres no lo dejan.

(D) No hay conflicto.

3. ¿Qué palabra termina con el mismo sonido vocálico que *dibujar*?

(A) aprender

(B) vislumbrar

(C) manejó

(D) corrió

4. ¿Cuál es el significado de *un buen ojo* en esta historia?

(A) buena visión

(B) talentoso para observar la pelota

(C) inteligente

(D) soleado

5. ¿Cuál es un ejemplo de símil usado en este texto?

(A) buen ojo

(B) lento como una tortuga

(C) un buen nadador

(D) correr por un lugar

NOMBRE: _____ **FECHA:** _____

INSTRUCCIONES Lee el texto y luego responde las preguntas.

El Sr. Keller siempre confundía los nombres. Era un buen maestro y todos los niños lo querían. Hacía muchas bromas y hacía que aprender fuera divertido, pero a menudo llamaba a los estudiantes por el nombre equivocado.

—Juana, ¿podrías sacar ese libro de tu escritorio? —pedía.

—Sr. Keller, no soy Juana. ¡Soy Chloe!

—Claro, por supuesto —decía, y todos los estudiantes se reían. A nadie le importaba la confusión porque estar en la clase del Sr. Keller era muy divertido.

1. ¿Qué tipo de imagen describiría mejor este texto a un lector?

Ⓐ una fotografía del Sr. Keller

Ⓑ una imagen de la puerta del salón de clases

Ⓒ una lista de los maestros de la escuela

Ⓓ un calendario que muestre el cronograma del día

2. ¿Cuál es el escenario?

Ⓐ la casa del Sr. Keller

Ⓑ la casa de Juana

Ⓒ el patio de juegos

Ⓓ el salón de clases del Sr. Keller

3. ¿Qué palabra del texto forma una nueva al agregar el prefijo *re–*?

Ⓐ preguntó

Ⓑ porque

Ⓒ son

Ⓓ aprender

4. ¿Cuál de estas palabras es una forma de la palabra *hecho*?

Ⓐ hacha

Ⓑ hacer

Ⓒ hinchar

Ⓓ modo

5. ¿Qué palabra describe el tono del texto?

Ⓐ objetivo

Ⓑ enojado

Ⓒ divertido

Ⓓ persuasivo

1. Ⓢ Ⓝ

2. Ⓢ Ⓝ

3. Ⓢ Ⓝ

4. Ⓢ Ⓝ

5. Ⓢ Ⓝ

___ / 5

Total

NOMBRE: _____ **FECHA:** _____

Dobles

Kelly y Karen eran hermanas gemelas. Les encantaba estar juntas. Eran muy parecidas de muchas maneras. También tenían intereses propios. En tercer grado las dejaron en la misma clase. Esto nunca había ocurrido. Generalmente, estaban en clases separadas. Estaban muy entusiasmadas.

Kelly y Karen iban juntas a la escuela todos los días con su hermano Andrés. Les gustaba sentarse juntas. También les gustaba estar en el mismo equipo de kickball en el recreo. Todo esto significaba que las niñas pasaran mucho tiempo juntas. No les importaba, pero los demás comenzaron a notar que las dos niñas estaban juntas todo el tiempo. Los niños comenzaron a llamar a Kelly y Karen "las gemelas". A veces, los demás estudiantes de hecho confundían a las niñas. Las llamaban por el nombre equivocado. ¡Hasta su maestra hizo lo mismo un día! Esto molestaba a las niñas. Comenzaron a preguntarse cuándo las personas las verían como personas individuales.

Decidieron entonces hacer algunos cambios. Pidieron tener distintos momentos de juego. Querían buscar amigos nuevos por su cuenta. No era tan malo. Siempre contaban con la otra en casa. Podían pasar mucho tiempo juntas fuera de la escuela. También decidieron probar actividades nuevas. Kelly jugaba al fútbol. Karen tomaba lecciones de piano. Realmente disfrutaban esas actividades.

Llevaba tiempo y un poco de esfuerzo. Con el tiempo, las dos niñas sintieron que hicieron buenas decisiones. Aún eran mejores amigas. Aún se amaban. Pero tenían vidas nuevas, por separado. Cada niña encontró nuevos amigos. A ambas les encantaban sus nuevos pasatiempos. Finalmente, los niños ya no las llamaban "las gemelas". Las llamaban Kelly y Karen, como debía ser.

NOMBRE: _____ FECHA: _____

INSTRUCCIONES Lee "Dobles" y luego responde las preguntas.

1. ¿Qué predicción según el título y la imagen es más adecuada?

(A) Este texto es sobre dos personas que usan la misma ropa.

(B) Este texto es sobre gemelas.

(C) Este texto es sobre alguien que necesita anteojos.

(D) Este texto es sobre tener mala visión.

2. ¿Cuál es la opinión del autor sobre los gemelos?

(A) A los gemelos les gusta tocar el piano y jugar al fútbol.

(B) Los gemelos siempre deben vestirse de manera similar.

(C) Los gemelos deben ser considerados personas diferentes.

(D) Los gemelos pelean mucho.

3. ¿Qué enunciado refleja una conexión personal con el texto?

(A) Me gusta tocar el violín.

(B) Está bien tener intereses diferentes de mi mejor amigo.

(C) Mi entrenador de béisbol puede ser malo.

(D) Me siento solo en el almuerzo.

4. ¿Cómo cambian Kelly y Karen en esta historia?

(A) Buscan intereses propios.

(B) Pierden amigos.

(C) Comienzan a contender.

(D) Organizan una fiesta de pijamas.

5. ¿Cuál es el tema del texto?

(A) Los gemelos tienen suerte.

(B) Cada persona es única.

(C) Las hermanas pelean mucho.

(D) Las personas que son similares generalmente actúan de manera similar.

6. ¿Qué otro título indica un texto con un tema similar?

(A) Mi mejor amigo y yo

(B) Un nuevo talento

(C) Sobresalir por sí mismo

(D) Un nuevo apodo

1. Ⓢ Ⓝ

2. Ⓢ Ⓝ

3. Ⓢ Ⓝ

4. Ⓢ Ⓝ

5. Ⓢ Ⓝ

6. Ⓢ Ⓝ

___ / 6
Total

NOMBRE: _____ **FECHA:**_____

PUNTAJE

___ / 4

INSTRUCCIONES Vuelve a leer "Dobles". Luego, lee la instrucción y responde en las líneas a continuación.

Kelly y Karen quieren que las consideren personas individuales. ¿Por qué crees que es tan importante para todos nosotros ser considerados como individuos?

_____

_____

_____

_____

_____

_____

_____

_____

_____

_____

_____

_____

_____

_____

_____

_____

NOMBRE: _____ **FECHA:** _____

| INSTRUCCIONES | Lee el texto y luego responde las preguntas. |

Nadar en el océano es divertido. También puede ser peligroso. Las olas pueden arrastrar a los nadadores bajo el agua. Las aguas revueltas pueden hacerlo. También se llaman *corriente de fondo*. Esto es una canal de agua fuerte. Puede arrastrar a las personas lejos de la playa. Las personas luchan por mantenerse en la superficie. Hasta los nadadores fuertes luchan. Los surfistas o nadadores deben nadar en paralelo a la playa para salir de una corriente de fondo. Esta información es muy importante.

1. Ⓢ Ⓝ

2. Ⓢ Ⓝ

3. Ⓢ Ⓝ

1. ¿Qué pregunta sobre el texto ayudaría a los lectores a hacer una lectura rápida?

Ⓐ ¿Cómo se saca la arena de los zapatos?

Ⓑ ¿Cómo me hice esta rasgadura en los pantalones?

Ⓒ ¿Por qué nadar en el océano puede ser peligroso?

Ⓓ ¿Qué aprenden los niños en las lecciones de natación?

2. ¿Qué título va mejor con este texto?

Ⓐ Diversión en la playa

Ⓑ Seguridad en el agua

Ⓒ Jugar con pelotas de playa

Ⓓ Nadar en la piscina

3. ¿Qué palabra tiene los mismos sonidos vocálicos que *olas*?

Ⓐ luchan

Ⓑ sola

Ⓒ nadar

Ⓓ lejos

4. ¿Cuál es la definición de *arrastrar* según este texto?

Ⓐ moverse lentamente

Ⓑ una molestia

Ⓒ tirar de algo o alguien

Ⓓ esfuerzo

5. ¿Qué palabra describe el tono del texto?

Ⓐ advertencia

Ⓑ triste

Ⓒ divertido

Ⓓ histórico

4. Ⓢ Ⓝ

5. Ⓢ Ⓝ

___ / 5
Total

NOMBRE: _____ FECHA:_____

PUNTAJE

1. (S)(N)

2. (S)(N)

3. (S)(N)

4. (S)(N)

5. (S)(N)

___ / 5
Total

INSTRUCCIONES Lee el texto y luego responde las preguntas.

Cuando estás en la playa es espeluznante pensar sobre los ataques de tiburones. Escuchar una historia de un ataque en las noticias puede hacer que las personas piensen dos veces antes de nadar. Es posible que los nadadores no quieran meterse al agua o hasta no quieran estar en la playa. La verdad es que los ataques de tiburones son inusuales. Cuando un tiburón muerde a un ser humano, generalmente es por error. Un tiburón puede pensar que está comiendo una foca. Los tiburones no cazan seres humanos.

1. ¿Qué indica la primera oración sobre este texto?

(A) La historia es sobre programas de televisión espeluznantes.

(B) La historia es sobre ataques de tiburones.

(C) La historia es sobre ir a la playa.

(D) La historia es sobre tiburones mascotas.

2. ¿Qué título de capítulo ayudaría a un lector a encontrar esta información en un índice?

(A) ¡Tiburones por todos lados!

(B) La verdad sobre los ataques de tiburones

(C) Mantente fuera del agua

(D) Peligro en la playa

3. ¿Cuáles dos palabras tienen el mismo sonido vocálico?

(A) *foca* y *cazar*

(B) *pueden* y *quieren*

(C) *veces* y *pensar*

(D) *playa* y *noticias*

4. ¿Cuál de las siguientes palabras es un sinónimo de *inusual*?

(A) todos los meses

(B) nunca

(C) siempre

(D) infrecuente

5. ¿Qué tipo de texto incluiría un lenguaje similar al que se usa en este texto?

(A) un libro de estudios sociales

(B) un libro de poemas sobre animales

(C) un menú

(D) un artículo sobre la vida silvestre en el océano

NOMBRE: _____ FECHA: _____

Lee el texto y luego responde las preguntas.

La contaminación en la playa es un problema. Parte de esa basura proviene de las personas que van a la playa. Tirar basura en la arena contamina el agua porque la basura llega al océano. Parte de la basura, de hecho, proviene del océano. La contaminación puede provenir de muchos lugares. Las personas pueden trabajar juntas para limpiar las playas. Esto hace que la playa sea un lugar más bonito para visitar. ¡Y también ayuda a la vida silvestre de la playa!

1. ¿Qué imagen describiría mejor este texto a un lector?

Ⓐ una lista de vida silvestre que se encuentra en la playa

Ⓑ una foto de un barco de pesca

Ⓒ una foto de una playa contaminada

Ⓓ una imagen de un cartel que diga "No nadar"

2. ¿Qué palabra se encontraría más probablemente en el glosario?

Ⓐ trabajar

Ⓑ contaminación

Ⓒ basura

Ⓓ arena

3. ¿Qué palabra del texto forma una nueva al agregar el prefijo re–?

Ⓐ pasar

Ⓑ ubicar

Ⓒ hacer

Ⓓ todas las opciones anteriores

4. ¿Cuál de estas palabras tiene la misma raíz que contaminación?

Ⓐ revolución

Ⓑ contaminar

Ⓒ contar

Ⓓ conteo

5. Según el texto, ¿qué enunciado es verdadero?

Ⓐ El autor quiere enseñar a las personas a mantener las playas limpias.

Ⓑ El autor cree que las playas son todas sucias.

Ⓒ El autor compara la contaminación del aire con la contaminación del agua.

Ⓓ El autor utiliza hechos para contar la historia de la contaminación.

1. Ⓢ Ⓝ

2. Ⓢ Ⓝ

3. Ⓢ Ⓝ

4. Ⓢ Ⓝ

5. Ⓢ Ⓝ

___ / 5
Total

NOMBRE: _____ FECHA:_____

Seguridad en la playa

Un día en la playa puede ser maravilloso. La costa está tranquila y calmada. La vista del agua es relajante. También puede ser bastante peligroso. El océano es muy poderoso. Las personas deben tomar decisiones seguras. Esto ayudará a evitar lesiones en las olas o en la arena.

Existe una manera principal en la que las personas pueden estar seguras en la costa. Deben prestar atención a las señales y advertencias en la playa. A veces ondeará una bandera en la playa. La bandera advierte sobre las condiciones riesgosas.

Estas son las banderas que se pueden ver en algunas playas:

- Una bandera doble roja significa que el agua está cerrada al público. Toda la playa está cerrada. Las personas deben mantenerse fuera del agua. Esta bandera se usa en condiciones climáticas extremas o cuando hay corrientes extremas. Esta bandera también se coloca en caso de contaminación del agua, relámpagos o avistamiento de tiburones cercanos.

- Una bandera roja significa que existe un alto peligro. Este puede ser oleaje alto o corrientes fuertes.

- Una bandera amarilla significa que existe un peligro moderado. Un peligro moderado puede ser oleaje fuerte o corrientes fuertes.

- Una bandera verde significa que las condiciones son seguras. Esto significa que las condiciones en la playa son seguras, pero los que van seguido a la playa siempre deben ser precavidos.

Los salvavidas también contribuyen a la seguridad en la playa. Vigilan a los nadadores y los surfistas. Supervisan de cerca a las personas en el agua. Hasta vigilarán a las personas que están en la arena cerca de las olas. Los salvavidas están entrenados para ayudar a rescatar a las personas. Conocen primeros auxilios en caso de que alguien se lesione. También pueden llamar a otros rescatistas para ayudar a una persona que está en graves problemas.

Pero no todas las playas tienen salvavidas. Muchas son de propiedad pública y las personas pueden visitarlas cuando quieren. No hay nadie que impida a una persona entrar al agua. Las personas deben mantenerse seguras por su propio bien. ¡Un día perfecto en la playa es siempre un día seguro en la playa!

NOMBRE: _____ **FECHA:** _____

INSTRUCCIONES Lee "Seguridad en la playa" y luego responde las preguntas.

1. ¿Cuál es el propósito de leer este texto?

(A) entretener

(B) persuadir para evitar la playa

(C) aprender sobre la seguridad en la playa

(D) aprender sobre las banderas

2. ¿Con qué enunciado estaría de acuerdo el autor?

(A) Las personas pueden comportarse como quieran en la playa.

(B) Mantente fuera del agua cuando los salvavidas te lo indican.

(C) No hay reglas en la playa.

(D) Los nadadores fuertes nunca están en peligro.

3. ¿Qué enunciado hace una conexión con el texto?

(A) Nuestro automóvil tiene luces de peligro en caso de que se rompa.

(B) Ondeamos una bandera el 4 de julio.

(C) Me mantengo seguro en la playa estando cerca de mi familia y observando el agua para verificar que no haya peligros.

(D) Me gusta el color rojo.

4. ¿Qué información en el texto está resaltada en una lista?

(A) quién cuelga las banderas

(B) dónde se cuelgan las banderas

(C) qué significan las banderas

(D) las playas que usan este sistema de banderas

5. ¿Cuál es la idea principal?

(A) Los salvavidas no están debidamente entrenados.

(B) La playa es un lugar seguro.

(C) La seguridad en la playa es importante.

(D) Las banderas tienen colores bonitos.

6. ¿Cuál es una de las maneras para mantenerse seguro en la playa?

(A) Mantenerse fuera del agua cuando hay un peligro.

(B) Seguir las instrucciones de los salvavidas.

(C) Prestar atención a las banderas en la playa.

(D) todas las opciones anteriores

1. (S)(N)

2. (S)(N)

3. (S)(N)

4. (S)(N)

5. (S)(N)

6. (S)(N)

___ / 6
Total

NOMBRE: _____ FECHA:_____

INSTRUCCIONES Vuelve a leer "Seguridad en la playa". Luego, lee la instrucción y responde en las líneas a continuación.

Existen formas de estar seguro cuando estás en la playa. ¿Qué harías si ves una bandera doble roja en la playa? ¿Cómo explicarías el significado de las banderas a tus amigos?

_____

_____

_____

_____

_____

_____

_____

_____

_____

_____

_____

_____

_____

_____

NOMBRE: _____ FECHA:_____

INSTRUCCIONES Lee el texto y luego responde las preguntas.

José había sido bailarín desde que tenía tres años. Siempre le encantó bailar y recientemente comenzó a enfocarse más en el ballet. José disfrutaba de la manera calmada de contar una historia. La música y el movimiento le dieron mucha energía. No escuchó a las personas que le dijeron que los niños no bailan ballet. Él sí lo hacía y le encantaba. José tenía su propia forma de pensar.

1. Ⓢ Ⓝ

2. Ⓢ Ⓝ

3. Ⓢ Ⓝ

1. ¿De qué trata el texto?

Ⓐ tener mucha energía

Ⓑ un bailarín de ballet

Ⓒ estar tranquilo

Ⓓ música y movimiento

2. ¿Cuál es la mejor descripción de José?

Ⓐ José no es amable.

Ⓑ José ama el ballet, aunque algunas personas crean que los niños no lo bailan.

Ⓒ José tiene mucha energía.

Ⓓ José tiene tres años.

3. ¿Qué definición de la palabra *enfocarse* se usa en este texto?

Ⓐ el punto en un cono

Ⓑ obtener una imagen clara

Ⓒ esforzarse

Ⓓ concentrarse

4. ¿Cuál de estas palabras significa lo mismo que *recientemente*?

Ⓐ siempre

Ⓑ mañana

Ⓒ últimamente

Ⓓ nunca

5. ¿Qué significa la frase *tenía su propia forma de pensar* en este texto?

Ⓐ José no se portaba bien.

Ⓑ José estaba indeciso entre dos pasatiempos.

Ⓒ José decidía las cosas por sí mismo.

Ⓓ José no podía tomar una decisión.

4. Ⓢ Ⓝ

5. Ⓢ Ⓝ

___ / 5
Total

NOMBRE: _____ FECHA:_____

INSTRUCCIONES Lee el texto y luego responde las preguntas.

1. (S)(N)

2. (S)(N)

Fabi amaba tener mascotas en su casa para cuidarlas y quererlas todos los días. Tenía dos perros y un gato. Lo más raro era que los tres eran muy buenos amigos. Fabi sabía que los gatos y los perros supuestamente eran enemigos, pero sus mascotas definitivamente no eran enemigas. Sin duda, no peleaban como perros y gatos.

3. (S)(N)

1. ¿Qué título va mejor con este texto?

4. (S)(N)

(A) No los típicos perros y gatos

(B) Las mascotas de Fabi

5. (S)(N)

(C) Mascotas

(D) Amigos mascotas

___ / 5
Total

2. ¿Cuál es el escenario?

(A) la tienda de mascotas

(B) la casa de Fabi

(C) el parque de perros

(D) la casa para perros en el patio de Fabi

3. ¿Qué palabra termina con los mismos sonidos vocálicos que *pelear*?

(A) pala

(B) menear

(C) deber

(D) moler

4. ¿Qué palabras del texto son antónimos?

(A) *mascotas* y *perro*

(B) *amar* y *cuidar*

(C) *amigos* y *pelea*

(D) *amigos* y *enemigos*

5. ¿Qué frase es un ejemplo de símil?

(A) no son enemigos

(B) amar y cuidar

(C) pelear como perros y gatos

(D) mascotas en la casa

NOMBRE: _____ FECHA: _____

INSTRUCCIONES Lee el texto y luego responde las preguntas.

Henry caminaba a la escuela cada mañana con su vecino, Jacobo, de quien había sido amigo por muchos años. Una mañana, Henry se encontró con Jacobo en la esquina y comenzaron a caminar.

—¿Dónde está tu paraguas? —preguntó Jacobo a Henry—. El cielo está tan oscuro.

—No va a llover —aseguró Henry—. Miré el informe del tiempo esta mañana.

—No creas todo lo que escuchas —respondió Jacobo justo cuando empezaron a caer las primeras gotas.

1. Ⓢ Ⓝ

2. Ⓢ Ⓝ

3. Ⓢ Ⓝ

4. Ⓢ Ⓝ

1. ¿Qué imagen describiría mejor este texto a un lector?

Ⓐ una imagen de dos gatos durmiendo uno junto al otro

Ⓑ una imagen de dos amigos con un uniforme de béisbol

Ⓒ una imagen de dos amigos jugando

Ⓓ una imagen de un paraguas

2. ¿Quiénes son los protagonistas?

Ⓐ Henry y su hermano

Ⓑ Jacobo y su hermano

Ⓒ Henry y su padre

Ⓓ Henry y su vecino

3. Por medio de las pistas contextuales, ¿cuál es la definición de *informe*?

Ⓐ cuenta

Ⓑ investigación

Ⓒ ensayo

Ⓓ noticias

5. Ⓢ Ⓝ

___ / 5

Total

4. ¿Qué palabra significa *aseguró*?

Ⓐ clamó

Ⓑ afirmó

Ⓒ gritó

Ⓓ discutieron

5. ¿Cuál es el tono de este texto?

Ⓐ objetivo

Ⓑ acusador

Ⓒ de advertencia

Ⓓ emocionada

NOMBRE: _____ **FECHA:**_____

Un tipo diferente de princesa

Había una vez una princesa que vivía en un castillo. Vivía con su madre y su padre, el rey y la reina. No tenía hermanos ni hermanas. Cuando empezó a crecer, sus padres comenzaron a hablar con ella sobre con quién se podía casar. Su matrimonio era muy importante. Este nuevo cónyuge sería un heredero al trono.

Muchas princesas esperan el día en el que podrán casarse con un apuesto príncipe. Sin embargo, esta no era una princesa común. Prefería su vestimenta para cazar que un vestido elegante. Usaba el cabello atado en una colita en lugar de usarlo con las ondas sueltas y una tiara encima. Detestaba pasar sus días en el castillo. No le gustaba estar sin hacer nada. La princesa siempre intentaba hallar a alguien que la llevara al bosque. Se subía a un caballo y sentía que el viento soplaba en su cabello. Le encantaba la aventura.

Ese día, la princesa no quería hablar de matrimonio. No pensaba casarse con nadie que le indicaran sus padres. Ni siquiera estaba segura de que quisiera casarse. En ese momento, solo quería andar en su caballo.

Caminó por el castillo. Finalmente, encontró a un sirviente. Le pidió que la ayudara a alistar su caballo para andar en él. Hablaron mucho. La princesa realmente disfrutaba de su compañía. El sirviente estaba sorprendido con la princesa. Esperaba que fuera presumida. También le gustaba hablar con ella. La princesa se preguntaba por qué no podía pasar más tiempo con niños como él. ¿Por qué sus padres solo le presentaban los hijos de sus amigos? Todo lo que sabía esta princesa era que las cosas iban a cambiar. Pasaría más tiempo con su nuevo amigo. Iba a tomar sus propias decisiones. Iba a ser un tipo diferente de princesa.

NOMBRE: _____ **FECHA:** _____

INSTRUCCIONES Lee "Un tipo diferente de princesa" y luego responde las preguntas.

1. ¿Qué predicción tiene más sentido después de leer el título?

(A) Este es un cuento sobre una princesa que no es humana.

(B) Este es un cuento sobre una princesa que no puede conocer a un príncipe.

(C) Este es un cuento sobre una princesa que se comporta de maneras diferentes.

(D) Este cuento está situado en una tierra lejana.

2. ¿Cuál es más probablemente la opinión del autor?

(A) Una historia en un castillo debe tener un final feliz.

(B) Una princesa sin magia es triste.

(C) Las princesas pueden verse, soñar y pensar de manera diferente.

(D) Todas las princesas quieren encontrar un príncipe guapo.

3. ¿Qué enunciado muestra una conexión personal con este texto?

(A) Me gustan las aventuras también, aunque mis padres odian que me ensucie.

(B) Vi un castillo en una película.

(C) Tengo cuatro hermanas.

(D) Leí un libro sobre una familia que tiene sirvientes.

4. ¿Qué cualidad de la princesa la hace *un tipo diferente de princesa*?

(A) No le gusta usar una tiara.

(B) No quiere casarse con un príncipe de inmediato.

(C) Le gusta hablar con los sirvientes.

(D) todas las opciones anteriores

5. ¿Por qué el tema de este cuento es diferente de muchos otros cuentos de hadas?

(A) La mayoría de los cuentos de hadas no incluyen montar a caballo.

(B) La mayoría de los cuentos de hadas incluyen una princesa que está buscando un príncipe apuesto.

(C) La mayoría de los cuentos de hadas incluyen hermanastras malvadas.

(D) La mayoría de los cuentos de hadas no incluyen sirvientes.

6. ¿Qué cuento de hadas es lo opuesto a esta historia?

(A) "Cenicienta"

(B) "La sirenita"

(C) "Jack y las habichuelas mágicas"

(D) "Ricitos de Oro y los tres osos"

1. (S)(N)

2. (S)(N)

3. (S)(N)

4. (S)(N)

5. (S)(N)

6. (S)(N)

___ / 6
Total

PUNTAJE

___ / 4

NOMBRE: _____ **FECHA:** _____

INSTRUCCIONES Vuelve a leer "Un tipo diferente de princesa". Luego, lee la instrucción y responde en las líneas a continuación.

El personaje de esta historia no es una princesa típica. ¿De qué maneras tú no eres un estudiante de tercer grado típico? ¿Qué te hace único y especial?

_____
_____
_____
_____
_____
_____
_____
_____
_____
_____
_____
_____
_____
_____
_____
_____
_____

NOMBRE: _____ FECHA:_____

INSTRUCCIONES Lee el texto y luego responde las preguntas.

Roma tiene muchos edificios famosos. Muchos son de la antigüedad. El Foro Romano es uno de los lugares más famosos. En cierto momento fue el centro de Roma. Los turistas aún pueden visitarlo y ver las ruinas. Están en medio de la ciudad moderna. El Panteón es otro edificio famoso. Todavía está en Roma. Era un templo dedicado a los dioses.

1. ¿De qué trata el texto?

(A) dioses romanos

(B) edificios en Roma

(C) ciudades modernas

(D) centros de ciudades

2. ¿Qué título va mejor con este texto?

(A) Un templo

(B) Edificios de la Roma Antigua

(C) Lugares turísticos

(D) El Foro Romano

3. ¿Qué palabra tiene los mismos sonidos vocálicos que *Roma*?

(A) toma

(B) uno

(C) ruinas

(D) moderno

4. ¿Cuál es la definición de *en medio de*?

(A) dentro

(B) al lado de

(C) delante de

(D) lejos

5. ¿Qué palabra describe el tono de este texto?

(A) objetivo

(B) ridículo

(C) divertido

(D) comparación

1. (S)(N)

2. (S)(N)

3. (S)(N)

4. (S)(N)

5. (S)(N)

___ / 5
Total

NOMBRE: _____ **FECHA:** _____

INSTRUCCIONES Lee el texto y luego responde las preguntas.

Los antiguos romanos inventaron muchas cosas que aún se usan. Algo que provino de los tiempos del Imperio romano es nuestro calendario. El primer calendario en Roma se basó en los meses lunares. Esto confundía a las personas. El César pidió uno nuevo. Tenía 365 días en un año. Hay un día adicional en febrero cada cuatro años. Al año en que ocurre se le llama *año bisiesto*. Aún usamos este calendario en la actualidad.

1. Ⓢ Ⓝ

2. Ⓢ Ⓝ

3. Ⓢ Ⓝ

4. Ⓢ Ⓝ

5. Ⓢ Ⓝ

___ / 5
Total

1. ¿Qué indica la primera oración sobre este texto?

Ⓐ El texto es sobre los inventos de los antiguos romanos.

Ⓑ El texto es sobre cómo ser un inventor.

Ⓒ El texto es sobre usar algo por mucho tiempo.

Ⓓ El texto es sobre visitar Roma.

2. ¿Qué imagen le serviría a un lector para comprender este texto?

Ⓐ un mapa de América

Ⓑ una imagen de una tarjeta de San Valentín

Ⓒ una fotografía de un calendario viejo

Ⓓ una lista de los feriados de febrero

3. ¿Cuáles dos palabras del texto tienen los mismos sonidos vocálicos?

Ⓐ *bisiesto* y *hace*

Ⓑ *cosa* y *año*

Ⓒ *nuestro* y *nuevo*

Ⓓ *desde* y *cuatro*

4. ¿Qué palabra tiene la misma raíz que *inventó*?

Ⓐ ventilar

Ⓑ inventor

Ⓒ invitar

Ⓓ proveer

5. ¿Qué otro tipo de texto es más similar a este texto?

Ⓐ un libro de historia

Ⓑ un libro de poesías

Ⓒ un menú

Ⓓ una nota de agradecimiento

NOMBRE: _____ FECHA:_____

INSTRUCCIONES Lee el texto y luego responde las preguntas.

El agua era importante para los antiguos romanos. Roma es muy calurosa. Las personas necesitan agua para mantenerse frescas. A muchos romanos les gustaba estar limpios. Usaban agua potable para bañarse. Los romanos construyeron un buen sistema fluvial. Algunos hogares hasta contaban con agua dulce en el interior. Las ciudades a menudo se construían cerca de un suministro de agua.

1. ⓈⓃ

2. ⓈⓃ

1. ¿Qué pregunta sobre el texto ayudaría a los lectores a hacer una lectura rápida?

3. ⓈⓃ

Ⓐ ¿Cuán calurosa es Grecia?

Ⓑ ¿Qué puedo beber en el almuerzo?

4. ⓈⓃ

Ⓒ ¿Cómo usaban los romanos el agua dulce?

Ⓓ ¿Cuál es el lugar más caluroso de la Tierra?

5. ⓈⓃ

4. ¿Qué palabra tiene la misma raíz que *proveer*?

Ⓐ aplicar

Ⓑ proveedor

Ⓒ proporcionar

Ⓓ cachorro

2. ¿Qué entrada de índice ayudaría a un lector a ubicar esta información?

Ⓐ agua en la antigua Roma

Ⓑ nombres de ciudades

Ⓒ gobierno de la ciudad

Ⓓ todas las opciones anteriores

5. ¿Qué enunciado sobre el texto es verdadero?

Ⓐ El autor usa hechos para enseñar cómo bañarse.

Ⓑ El autor usa enunciados graciosos sobre el agua potable para hacer reír a las personas.

Ⓒ El autor compara los baños con las duchas.

Ⓓ El autor usa hechos para enseñar sobre el suministro de agua de la antigua Roma.

___ / 5
Total

3. ¿Qué palabra forma una nueva al agregar el prefijo *re–*?

Ⓐ tienda

Ⓑ calor

Ⓒ dentro

Ⓓ construir

NOMBRE: _____ FECHA:_____

Julio César

Julio César es una persona importante en la historia. Era líder en la antigüedad. Vivía en la antigua Roma. César nació en el año 100 a. C. Creció en un hogar sencillo. Su familia pertenecía a una antigua familia romana. No eran ni ricos ni pobres.

La mayoría de los niños como César no iban a la escuela. Tenían tutores. César también contaba con un tutor. Aprendió mucho de su tutor. Aprendió a leer y a escribir en latín. También se convirtió en un buen orador público. Estas habilidades lo ayudarían más adelante en la vida.

César se enamoró de una mujer llamada Cornelia. Se casaron y tuvieron una hija. Vivían todos juntos en Roma. Asumió el poder con el tiempo. Le dieron trabajos importantes. Las personas comenzaron a verlo como un líder.

César se había unido al ejército cuando era joven. Rápidamente, se convirtió en líder en el ejército. Las tropas lo estimaban mucho. Las personas lo respetaban. Comenzaron a prestarle atención. Ganó muchas batallas a favor de Roma. El ejército romano era muy poderoso. Contar con el respeto del ejército era muy importante.

De vuelta en Roma, los líderes estaban en problemas. La república estaba en total desorden. Los líderes contendían. Finalmente, el Senado fue obligado a cambiar. Tres hombres asumieron como líderes. Uno era César. Poco después, César luchaba por el poder. Asumió el papel de único líder de Roma. Se convirtió en un dictador, lo que molestó a las personas. Los romanos no querían un rey. Un dictador era muy parecido a un rey. No querían que César cambiara demasiado su vida. Algunos miembros del Senado decidieron matar a César. Fue apuñalado a muerte. El día en que fue asesinado se conoce como *Idus de marzo*.

Muchos hombres gobernaron Roma después de César. Algunos fueron buenos líderes. Otros no. El Imperio romano cambió mucho con los años. César siempre será recordado. Fue un líder importante.

NOMBRE: _____ **FECHA:** _____

INSTRUCCIONES Lee "Julio César" y luego responde las preguntas.

1. ¿Cuál es el propósito de leer este texto?

Ⓐ leer una biografía de Julio César

Ⓑ entretenerse con los hechos sobre la vida romana

Ⓒ aprender sobre las estrategias del ejército romano

Ⓓ aprender a ser un buen líder

2. ¿Con qué enunciado estaría probablemente de acuerdo el autor?

Ⓐ César nunca debió casarse.

Ⓑ César era un líder valiente que intentaba tener mucho poder.

Ⓒ César era mejor soldado que líder.

Ⓓ César no sabía cómo liderar.

3. ¿Con quiénes luchó César por el poder?

Ⓐ Cornelia

Ⓑ su tutor

Ⓒ el ejército romano

Ⓓ los otros dos hombres que también eran líderes

4. ¿Cómo está organizado este texto?

Ⓐ como una comparación de Julio César y Cornelia

Ⓑ como una historia cronológica de la vida de Julio César

Ⓒ como una lista de pasos sobre cómo unirse al ejercito

Ⓓ como una historia cronológica de las batallas romanas

5. ¿Qué título alternativo refleja la idea principal del texto?

Ⓐ El líder del ejército

Ⓑ El éxito y las luchas de Julio César

Ⓒ Un matrimonio inteligente

Ⓓ Traicionado por los hombres

6. ¿Qué error llevó a la muerte de César?

Ⓐ No sabía cómo liderar.

Ⓑ No era lo suficientemente inteligente.

Ⓒ El ejército no lo respetaba.

Ⓓ Intentó tener mucho poder e hizo muchos enemigos.

1. Ⓢ Ⓝ
2. Ⓢ Ⓝ
3. Ⓢ Ⓝ
4. Ⓢ Ⓝ
5. Ⓢ Ⓝ
6. Ⓢ Ⓝ

___ / 6
Total

NOMBRE: _____ **FECHA:** _____

INSTRUCCIONES Vuelve a leer "Julio César". Luego, lee la instrucción y responde en las líneas a continuación.

Julio César tenía una vida llena de altibajos. ¿Crees que era un líder inteligente? Explica tu razonamiento.

_____

_____

_____

_____

_____

_____

_____

_____

_____

_____

_____

_____

_____

_____

_____

_____

_____

NOMBRE: _____ **FECHA:** _____

INSTRUCCIONES Lee el texto y luego responde las preguntas.

No es fácil vivir en el espacio. Extraño la sensación del pasto en los pies y del sol en la piel. Me gustaría sentirme cómodo con los demás en esta nave. Es difícil sentir lealtad hacia alguna nación. La vida ha sido dura desde la Guerra de las Naciones en 2430. Nadie sabe qué depara el futuro. Solo espero algún día poder volver a mi hogar, la Tierra.

1. ¿Qué palabra describiría mejor el texto a un lector antes de leerlo?

- Ⓐ pasto
- Ⓑ espacio
- Ⓒ hogar
- Ⓓ nave

2. ¿Qué pistas te indican que este texto ocurre en el futuro?

- Ⓐ Ocurre en una nave espacial.
- Ⓑ Se menciona el año 2430.
- Ⓒ Habla sobre el futuro.
- Ⓓ todas las opciones anteriores

3. ¿Qué palabra tiene los mismos sonidos vocálicos que *duro*?

- Ⓐ oro
- Ⓑ dardo
- Ⓒ dorado
- Ⓓ puro

4. ¿Qué significa la palabra *sol* en el texto?

- Ⓐ calor de los rayos solares
- Ⓑ una nota musical
- Ⓒ una estrella grande
- Ⓓ una luz

5. ¿Qué significa la frase *qué depara el futuro*?

- Ⓐ poderes mágicos
- Ⓑ sostener un globo
- Ⓒ el sistema solar
- Ⓓ lo que sucederá en el futuro

1. Ⓢ Ⓝ

2. Ⓢ Ⓝ

3. Ⓢ Ⓝ

4. Ⓢ Ⓝ

5. Ⓢ Ⓝ

___ / 5
Total

NOMBRE: _____ **FECHA:** _____

INSTRUCCIONES   Lee el texto y luego responde las preguntas.

1. Ⓢ Ⓝ

2. Ⓢ Ⓝ

3. Ⓢ Ⓝ

4. Ⓢ Ⓝ

5. Ⓢ Ⓝ

___ / 5
Total

Los animales se reunían en el bosque. Quería analizar al nuevo residente. No estaba seguro de si debían confiar en este zorro. Se mudó al vecindario silenciosamente. Era muy reservado. Parecía estar solo. ¿Qué estaba intentando hacer? Los animales llegarían al fondo de la cuestión.

1. ¿Qué es verdad sobre una historia que tiene personajes animales que actúan como humanos?

Ⓐ Será divertida.

Ⓑ Debe ser de no ficción.

Ⓒ Es una historia de fantasía.

Ⓓ Hay animales buenos y malos.

2. ¿Qué título va mejor con este texto?

Ⓐ El vecindario

Ⓑ Un zorro fugitivo

Ⓒ Una reunión de animales

Ⓓ Tiempo a solas

3. Mediante las pistas contextuales, ¿qué palabra significa lo mismo que *nuevo*?

Ⓐ reciente

Ⓑ reenviar

Ⓒ repudiar

Ⓓ reiniciar

4. ¿Cuál es un sinónimo de *analizar*?

Ⓐ explicar

Ⓑ ordenar

Ⓒ debatir

Ⓓ observar

5. ¿Qué significa la expresión *llegar al fondo de la cuestión* en el texto?

Ⓐ excavar

Ⓑ averiguar más

Ⓒ esconderse

Ⓓ mirar debajo

NOMBRE: _____ **FECHA:** _____

INSTRUCCIONES   Lee el texto y luego responde las preguntas.

Los seis alienígenas aterrizaron en la montaña y abandonaron la nave espacial. Estaban en una misión. *¿Qué es esencial para la vida en la Tierra?* Ese era el interrogante que intentaban responder. Los líderes en su planeta de origen estaban intentando averiguarlo. Los alienígenas intentaron trabajar en secreto. Poco se imaginaban que habían aterrizado justo al lado de un campamento lleno de personas.

1. ⓈⓃ

2. ⓈⓃ

3. ⓈⓃ

1. ¿Qué imagen describiría mejor este texto a un lector?

Ⓐ   una imagen de un alienígena

Ⓑ   una imagen de una carpa

Ⓒ   una imagen de la Tierra

Ⓓ   una imagen de una montaña

4. ¿Cuál de estas palabras significa lo opuesto a *esencial*?

Ⓐ   básico

Ⓑ   requerido

Ⓒ   innecesario

Ⓓ   vivir

4. ⓈⓃ

5. ⓈⓃ

2. ¿Cuál es el escenario?

Ⓐ   una nave espacial

Ⓑ   un camping en una montaña

Ⓒ   otro planeta

Ⓓ   un hogar

5. ¿Dónde crees que encajaría este párrafo dentro de un texto más largo?

Ⓐ   al final

Ⓑ   al comienzo

Ⓒ   en el medio

Ⓓ   es todo el texto

___ / 5

Total

3. ¿Qué palabra comienza con el mismo grupo consonántico que *planeta*?

Ⓐ   pato

Ⓑ   explayarse

Ⓒ   patrón

Ⓓ   plato

NOMBRE: _____ FECHA: _____

Un momento de descubrimiento mágico

Desde que era muy pequeño, Chester sabía que era diferente. Sentía por dentro que tenía poderes especiales. Chester sabía esto, pero decidió mantenerlo en secreto. No estaba seguro de cómo se sentiría su familia, o si sus amigos lo entenderían. Los niños no siempre quieren sentirse diferentes de otros, y Chester no era la excepción.

La primera pista fue cuando tenía cuatro años. Estaba jugando en su cajón de arena en el patio cuando vio una hermosa mariposa en la arena. Se la colocó en la mano. Luego se dio cuenta de que la mariposa estaba muerta. Chester se sintió tan mal por la mariposa que comenzó a llorar y sus lágrimas le cayeron por el rostro. Una lágrima cayó sobre la mariposa y, en un instante, la mariposa cobró vida. Chester no podía creer lo que veía.

Otra vez, cuando Chester tenía cinco años, decidió trepar un árbol. Trepó tan alto que se sintió atascado. No estaba seguro de cómo bajar. De repente, tuvo la urgencia de soltarse de la rama y ver qué pasaba. Chester se sorprendió. Se deslizó lentamente por la brisa y voló hacia el suelo. ¡Chester volaba! Se preguntaba qué otros poderes secretos podía tener.

A Chester le tomó años darse cuenta de qué lo hacía especial. Cuando tuvo ocho años conocía todos sus poderes. Podía volver cosas a la vida, podía volar, podía ver a través de las paredes y podía escuchar cosas a una gran distancia. Estas habilidades lo entusiasmaban. No obstante, se sentía muy solo. Nadie más podía saber sobre estos poderes. No conocía a nadie más que los tuviera. Entonces, un día, ingresó al salón de clases de tercer grado. Había llegado temprano. Era el primer estudiante allí. Luego, entró Fiona. Fue como si apareciera de la nada. Cuando entró en el salón, se detuvo y miró la pared. "Supongo que el Salón 215 tiene un maestro suplente hoy", dijo. Chester se quedó helado. ¿Cómo sabía eso? El Salón 215 estaba al lado. ¿Podía Fiona ver a través de la pared? Estaba confundido. Luego vio la sonrisa en el rostro de Fiona mientras lo miraba. Sabía que había encontrado una compañera en la magia.

NOMBRE: _____ FECHA: _____

INSTRUCCIONES Lee "Un momento de descubrimiento mágico" y luego responde las preguntas.

1. ¿Qué predicción tiene sentido después de leer el título?

Ⓐ Esta historia debe tener un final feliz.

Ⓑ Esta historia incluye magia.

Ⓒ Esta historia ocurre durante un mismo día.

Ⓓ Esta historia ocurre en el circo.

2. ¿Cuál es el propósito del autor?

Ⓐ comparar a Chester y Fiona

Ⓑ involucrar a los lectores y hacer que usen su imaginación

Ⓒ enseñar a los lectores a usar la magia

Ⓓ explicar sobre maestros suplentes

3. ¿Quién podría conectarse más de cerca con este texto?

Ⓐ un estudiante de tercer grado al que le gusta viajar en aviones

Ⓑ un niño que a menudo se siente diferente y solo, pero de repente encuentra un amigo

Ⓒ una persona que no cree en la magia

Ⓓ un adulto con muy buena visión

4. ¿Cómo se siente Chester sobre sus poderes mágicos?

Ⓐ Se siente afortunado.

Ⓑ Se siente entusiasmado, pero solo.

Ⓒ Siente miedo.

Ⓓ Se siente especial.

5. ¿Qué tema corresponde a este texto?

Ⓐ Guardar secretos puede mantenerte a salvo.

Ⓑ Tener amigos hace que la vida sea menos solitaria.

Ⓒ Los adultos no comprenden a los niños.

Ⓓ Los maestros suplentes son horribles.

6. ¿Qué otro tipo de texto es similar a este?

Ⓐ una fantasía sobre alienígenas

Ⓑ un libro de instrucciones para hacer magia

Ⓒ una historia de ficción realista sobre ser diferente y hallar la amistad

Ⓓ una aventura de no ficción

1. Ⓢ Ⓝ

2. Ⓢ Ⓝ

3. Ⓢ Ⓝ

4. Ⓢ Ⓝ

5. Ⓢ Ⓝ

6. Ⓢ Ⓝ

___ / 6
Total

NOMBRE: _____ **FECHA:** _____

INSTRUCCIONES

Vuelve a leer "Un momento de descubrimiento mágico". Luego, lee la instrucción y responde en las líneas a continuación.

Piensa en los poderes especiales que Chester tiene y puede usar. ¿Qué superpoder te gustaría tener? ¿Qué harías con tu poder?

_____

_____

_____

_____

_____

_____

_____

_____

_____

_____

_____

_____

_____

_____

_____

_____

_____

NOMBRE: _____ **FECHA:** _____

INSTRUCCIONES Lee el texto y luego responde las preguntas.

Un *atlas* es un libro de mapas que muestra países o ciudades. Los mapas a menudo se muestran en una cuadrícula. En cada mapa se coloca una cuadrícula de líneas, y las líneas forman celdas. Las *celdas* son rotuladas con letras y números. Las personas pueden usar las letras y los números para hallar las ubicaciones exactas en el mapa.

1. Ⓢ Ⓝ

2. Ⓢ Ⓝ

3. Ⓢ Ⓝ

4. Ⓢ Ⓝ

5. Ⓢ Ⓝ

1. ¿Qué pregunta sobre el texto ayudaría a los lectores a hacer una lectura rápida?

Ⓐ ¿Qué números hay en mi dirección?

Ⓑ ¿Qué letras hay en mi nombre?

Ⓒ ¿Qué libro saqué de la biblioteca?

Ⓓ ¿Qué hay dentro de un atlas?

2. ¿Qué título va mejor con el texto?

Ⓐ Hallando ubicaciones

Ⓑ Letras y números

Ⓒ Todo sobre los atlas

Ⓓ Mapa con celdas

3. ¿Qué palabra tiene los mismos sonidos vocálicos que *celdas*?

Ⓐ mapa

Ⓑ líneas

Ⓒ libro

Ⓓ letras

4. ¿Cuál es la definición de *celdas* según este texto?

Ⓐ unidad básica de seres vivos

Ⓑ salas pequeñas

Ⓒ producir electricidad

Ⓓ el espacio en una tabla o cuadrícula

5. ¿Qué palabra describe el tono del texto?

Ⓐ objetivo

Ⓑ enojado

Ⓒ divertido

Ⓓ persuasivo

___ / 5
Total

NOMBRE: _____ FECHA:_____

PUNTAJE

1. Ⓢ Ⓝ

2. Ⓢ Ⓝ

3. Ⓢ Ⓝ

4. Ⓢ Ⓝ

5. Ⓢ Ⓝ

___ / 5
Total

INSTRUCCIONES Lee el texto y luego responde las preguntas.

Una persona que traza mapas se llama *cartógrafo*. Los cartógrafos solían trazar los mapas a mano. En la actualidad, las personas usan computadoras para trazar los mapas. Los cartógrafos tienen que cambiar los mapas a menudo. Las fronteras se mueven. Los lugares cambian. Algunos países hasta obtienen nombres nuevos. Los mapas deben ser constantemente actualizados.

1. ¿Qué indica la primera oración sobre este texto?

Ⓐ Se trata de cartógrafos.

Ⓑ Se trata de mapas de carreteras.

Ⓒ Se trata de carritos.

Ⓓ Se trata de carritos de compra.

2. ¿Qué título va mejor con este texto?

Ⓐ Fronteras

Ⓑ Trabajo en computadora

Ⓒ Cambio de nombre

Ⓓ El trabajo de un cartógrafo

3. ¿Cuáles dos palabras del texto tienen los mismos sonidos vocálicos?

Ⓐ *mapas* y *países*

Ⓑ *hecho* y *mueven*

Ⓒ *mapas* y *trazan*

Ⓓ *solían* y *obtiene*

4. ¿Cuál es un sinónimo de *constantemente*?

Ⓐ todos los meses

Ⓑ nunca

Ⓒ siempre

Ⓓ todos los días

5. ¿Qué tipo de texto incluiría un lenguaje similar al que se usa en este texto?

Ⓐ un libro de matemática

Ⓑ un libro de poesía

Ⓒ una carta

Ⓓ un libro de texto de estudios sociales

NOMBRE: _____ **FECHA:** _____

Lee el texto y luego responde las preguntas.

PUNTAJE

Las personas a menudo piensan en los mapas urbanos cuando hablan de mapas. Sin embargo, hay muchos tipos diferentes de mapas. Uno es un *mapa de población*. Muestra la cantidad de personas que viven en un área. Un *mapa del uso de la tierra* es otro tipo de mapa. Muestra cómo se divide un área conforme a su uso. Cada sección del mapa está codificada para mostrar cómo se usa.

1. ¿Qué tipo de imagen describiría mejor este texto a un lector?

Ⓐ una lista de lo que hay en un mapa

Ⓑ un ejemplo de un mapa de población y un mapa del uso de la tierra

Ⓒ una fotografía de un cartógrafo

Ⓓ una imagen de una señal de tránsito

2. ¿Qué entrada de índice ayudaría a un lector a ubicar esta información?

Ⓐ mapas de población

Ⓑ mapas del uso de la tierra

Ⓒ mapas

Ⓓ todas las opciones anteriores

3. ¿Qué palabra del texto forma una nueva al agregar el prefijo *des*–?

Ⓐ uso

Ⓑ son

Ⓒ mapas

Ⓓ mapa

4. ¿Cuál de estas palabras es una forma de la palabra *dividido*?

Ⓐ video

Ⓑ división

Ⓒ vivido

Ⓓ evitado

5. ¿Qué enunciado sobre el texto es verdadero?

Ⓐ El autor usa hechos para enseñar sobre mapas.

Ⓑ El autor usa bromas para que las personas se rían de los mapas.

Ⓒ El autor compara los mapas y las brújulas.

Ⓓ El autor usa hechos para contar la historia de los mapas.

1. ⓈⓃ
2. ⓈⓃ
3. ⓈⓃ
4. ⓈⓃ
5. ⓈⓃ

___ / 5
Total

NOMBRE: _____ FECHA:_____

Navegación con mapas

Un mapa es una imagen detallada de un área. Los mapas nos muestran dónde están las cosas, y también nos muestran cómo llegar a algún lugar. Muestran lugares que son grandes y pequeños. Hay mapas de edificios y parques. Hay mapas del mundo entero. Todos los mapas muestran un área grande por medio de un dibujo pequeño.

Los mapas son mucho más pequeños que las áreas que representan. Los mapas tienen *escalas*. Estas muestran cómo las distancias de un mapa se relacionan con las distancias reales. Algunos mapas tienen escalas escritas en forma de *proporción*. Esta muestra cómo una longitud se compara con otra longitud. Una pulgada en un mapa puede equivaler a una determinada cantidad de pies o millas en el suelo.

Los mapas incluyen símbolos para cosas reales. Los símbolos dependen de lo que el mapa muestra. Por ejemplo, un mapa grande de un estado o un país puede tener símbolos para las ciudades, las autopistas y los ríos. Un mapa más pequeño de una ciudad puede tener símbolos para los hospitales, las escuelas y las bibliotecas. Estos símbolos están detallados en una parte del mapa. Se llama referencia. La *referencia* muestra cada símbolo y lo que este representa en el mapa.

Las personas han usado mapas durante miles de años. En un tiempo, las personas usaban solo mapas de papel. Debían llevar el mapa de un lado a otro si lo usaban para encontrar lugares. En la actualidad, las personas usan un tipo de mapa computarizado. Se llama *sistema de posicionamiento global (GPS)*. Un GPS usa satélites que orbitan alrededor de la Tierra. Estos envían señales a los receptores GPS. Puede mostrar ubicaciones, velocidad y dirección. En lugar de un mapa de papel, las personas usan los receptores GPS. Se muestra un mapa en una pantalla. El mapa dirige a las personas hacia la dirección correcta mostrándoles la ruta a medida que se mueven.

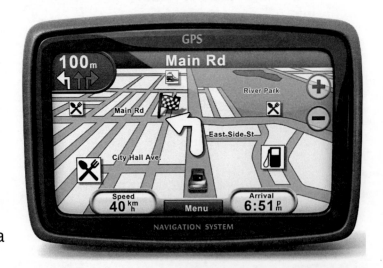

Los receptores GPS también están en barcos y aviones. Ayudan a los pilotos y capitanes a navegar mientras viajan. Muestran la distancia entre las ubicaciones. El GPS se usa con muchos otros instrumentos.

NOMBRE: _____ **FECHA:** _____

INSTRUCCIONES Lee "Navegación con mapas" y luego responde las preguntas.

1. ¿Cuál es el propósito de leer este texto?

(A) entretenerse

(B) persuadir para comprar un mapa

(C) aprender sobre mapas y GPS

(D) aprender sobre direcciones

2. ¿Con qué enunciado estaría probablemente de acuerdo el autor?

(A) Los mapas son solo para personas que necesitan ir a un lugar.

(B) Los mapas son mejores que los receptores GPS.

(C) Los mapas no son útiles.

(D) Los mapas pueden verse diferentes pero tienen el mismo propósito.

3. ¿Qué enunciado muestra una experiencia anterior relacionada con el texto?

(A) No creo que los mapas sean útiles.

(B) Siento curiosidad sobre cómo las llaves desbloquean las puertas.

(C) Quiero ser un piloto cuando crezca.

(D) Usé un mapa para ayudar a mi papá a encontrar la casa de mi amigo.

4. El cuarto párrafo encajaría mejor en un libro de _____.

(A) historia

(B) arte

(C) matemáticas

(D) instrucciones

5. ¿Cuál es la idea principal?

(A) Los mapas son interesantes y cambian con el tiempo.

(B) Los mapas no siempre te indican lo que necesitas saber.

(C) Los pilotos hicieron los mapas.

(D) Un receptor GPS no es un mapa.

6. ¿Por qué los mapas deben cambiar?

(A) porque las compañías de mapas quieren ganar dinero

(B) porque el mundo está cambiando

(C) para que los cartógrafos conserven su trabajo

(D) porque los mapas generalmente se equivocan

1. Ⓢ Ⓝ

2. Ⓢ Ⓝ

3. Ⓢ Ⓝ

4. Ⓢ Ⓝ

5. Ⓢ Ⓝ

6. Ⓢ Ⓝ

___ / 6
Total

NOMBRE: _____ **FECHA:** _____

INSTRUCCIONES Vuelve a leer "Navegación con mapas". Luego, lee la instrucción y responde en las líneas a continuación.

Los mapas son herramientas importantes que utilizan diferentes tipos de personas. ¿Cuándo has usado un mapa o has visto a alguien hacerlo? ¿Para qué te ha servido un mapa?

_____

_____

_____

_____

_____

_____

_____

_____

_____

_____

_____

_____

_____

_____

_____

_____

NOMBRE: _____ FECHA:_____

INSTRUCCIONES Lee el texto y luego responde las preguntas.

Lucía era una marciana amigable. Siempre se aseguraba de sonreír a los terrícolas. Nunca lastimaría a nadie. Le gustaba divertirse y hacer tonterías, pero no asustaba a nadie. Era difícil ser una marciana amable. A todos los marcianos se les enseñaba que debían ser peligrosos y aterradores. Lucía debía convencer a todos de que ella era diferente.

1. ⓈⓃ

2. ⓈⓃ

3. ⓈⓃ

1. ¿De qué trata el texto?

Ⓐ Esta es una historia sobre alguien que le tiene miedo a un marciano.

Ⓑ Es la historia de una marciana amable.

Ⓒ Es la historia de por qué los marcianos nunca son amables.

Ⓓ Esta es una historia sobre cómo dibujar un marciano.

2. ¿Cuál es el conflicto principal?

Ⓐ Lucía no quiere ser más una marciana.

Ⓑ Lucía tiene miedo de los marcianos que conoce.

Ⓒ La mayoría de las personas creen que los marcianos son peligrosos y aterradores, pero Lucía quiere convencer a todos de que ella es amigable.

Ⓓ Nadie cree que Lucía es una marciana.

3. ¿Cuál es un sinónimo de *divertirse*?

Ⓐ aburrirse

Ⓑ sufrir

Ⓒ entretenerse

Ⓓ marcharse

4. ¿Cuál es la definición de *convencer*?

Ⓐ explicar lenta y detenidamente

Ⓑ persuadir a alguien para que haga algo

Ⓒ analizar un argumento

Ⓓ trabajar juntos

5. ¿Qué otro tipo de texto es más similar a este texto?

Ⓐ un poema sobre cómo asustar a tus amigos

Ⓑ una novela de misterio sobre fantasmas

Ⓒ un libro de historia

Ⓓ un ensayo sobre cómo hacer amigos

4. ⓈⓃ

5. ⓈⓃ

___ / 5
Total

NOMBRE: _____ FECHA: _____

PUNTAJE

Lee el texto y luego responde las preguntas.

1. Ⓢ Ⓝ

2. Ⓢ Ⓝ

El científico había construido el robot. Ahora, no estaba seguro de qué hacer con este. El robot era cada día más inteligente. ¿Cómo sucedió esto? El científico había verificado su programación. Era como si el robot hubiera desarrollado un cerebro. Estaba comenzando a superar en inteligencia al científico. Este pensamiento sí que daba miedo.

3. Ⓢ Ⓝ

1. ¿Qué título va mejor con el texto?

Ⓐ Un robot muy inteligente

4. Ⓢ Ⓝ

Ⓑ El sueño de un científico

Ⓒ Un cerebro nuevo

5. Ⓢ Ⓝ

Ⓓ No muy inteligente

3. ¿Qué palabra tiene los mismos sonidos vocálicos que *miedo*?

Ⓐ cielo

Ⓑ mancha

Ⓒ pruebas

Ⓓ milagro

___ / 5
Total

2. ¿Cuál es el problema principal?

Ⓐ El científico no podía hacer otro robot.

Ⓑ El robot iba a herir al científico.

Ⓒ El científico construyó un robot que era cada vez más inteligente.

Ⓓ El científico necesitaba partes nuevas para el robot.

4. ¿Cuál de las siguientes es una definición de *superar en inteligencia*?

Ⓐ caminar en la parte superior

Ⓑ ser más inteligente que alguien

Ⓒ ser más inteligente que tu madre o tu padre

Ⓓ hacer algo inteligente afuera

5. ¿Qué frase muestra que el narrador está sorprendido?

Ⓐ verificó su programación

Ⓑ el robot estaba desarrollando un cerebro

Ⓒ ¿Cómo sucedió esto?

Ⓓ este pensamiento sí que daba miedo

NOMBRE: _____ **FECHA:** _____

INSTRUCCIONES Lee el texto y luego responde las preguntas.

"¿Qué es eso?", se preguntó Brad. Vio el auto extraño delante de su casa, pero no era como ningún auto que hubiera visto antes. Caminó hacia el auto. Ni siquiera tenía volante. En cambio, tenía un calendario digital adentro. Brad pensó que podía ser una máquina del tiempo. Buscó el año 1900 y presionó el botón. El auto despegó en el aire y Brad fue en busca de una aventura.

1. (S)(N)

2. (S)(N)

3. (S)(N)

1. ¿Qué palabra o frase resumen el tema del texto?

(A) el volante

(B) botón

(C) máquina del tiempo

(D) calendario

4. ¿Cuáles de estas palabras son sinónimos?

(A) *halló* y *encontró*

(B) *extraño* y *aventura*

(C) *preguntarse* y *despegar*

(D) *frente* y *ver*

4. (S)(N)

5. (S)(N)

2. ¿Qué título describe mejor la idea principal de este texto?

(A) No hay forma de manejar

(B) Viajando por el tiempo

(C) Aventura bajo el agua

(D) Un botón extraño

5. ¿Qué otro tipo de texto usaría un lenguaje similar al de este texto?

(A) un manual de instrucciones de un automóvil

(B) una biografía

(C) una novela de aventura

(D) un libro sobre relojes

___ / 5

Total

3. ¿Qué palabra tiene los mismos sonidos vocálicos que *pero*?

(A) botón

(B) templo

(C) clavar

(D) tienta

NOMBRE: _____ FECHA:_____

La guerra en el espacio

Los rebeldes luchaban en contra de la Guardia Real. Era una guerra descarnada. Esta era probablemente la peor batalla en 100 años. Las guerras solían lucharse en tierra. Las personas usaban tanques y armas. En ese momento, la vida se había trasladado al espacio. Las personas establecían colonias y nadie podía acordar un gobernante. Dos grupos estaban luchando con naves espaciales. Los rebeldes no estaban felices con la Guardia Real. Pensaban que su líder era malvado. Los rebeldes intentaban restaurar el bien en la galaxia.

Estos jóvenes luchadores ni siquiera recordaban otro tipo de guerra. Todos nacieron en el espacio. Sus vidas transcurrían en una enorme nave espacial. Ciudades enteras podían vivir en ellas. La nave espacial viajaba por la oscuridad del espacio exterior. El espacio era un lugar tranquilo y las cosas estaban estáticas. Esto ayudó a mantener calmadas a las personas para que pudieran olvidar el pasado. Todos los sobrevivientes querían regresar a vivir en la Tierra, pero eso era imposible. La Tierra nunca sería la misma nuevamente.

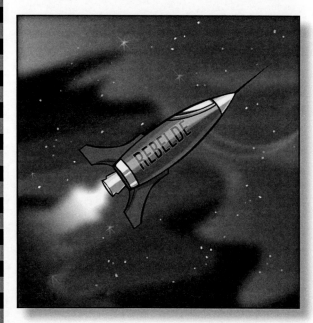

A medida que los rebeldes luchaban, las personas seguían las noticias en las pantallas. Podían ver qué aviones de qué luchadores estaban aún afuera luchando, y cuáles habían vuelto sanos y salvos. Los rebeldes iban ganando. Quizás había una esperanza después de todo.

La Guardia Real comenzó a retirarse. Se alejaron de la batalla volando, y dejaron a los rebeldes y a sus seguidores celebrando. ¡Esa batalla fue una victoria! El próximo paso era volver a tomar el control de las colonias. Los rebeldes querían un líder honesto y confiable. Estaban dispuestos a luchar hasta el final para que eso sucediera.

NOMBRE: _____ **FECHA:** _____

INSTRUCCIONES Lee "La guerra en el espacio" y luego responde las preguntas.

1. ¿Cuál es el mejor resumen del texto?

Ⓐ Hay una guerra entre estudiantes por el espacio en el patio de juegos.

Ⓑ Hay una guerra en el espacio.

Ⓒ Hay una guerra sobre quién viaja al espacio primero.

Ⓓ Dos países luchan por visitar la Estación Espacial.

2. ¿Quién está intentando restaurar el bien para las personas en el espacio?

Ⓐ las personas

Ⓑ el líder de la Guardia Real

Ⓒ los rebeldes

Ⓓ la Guardia Real

3. ¿Quién podría sentir una conexión con los rebeldes?

Ⓐ un maestro que intenta enseñar a los estudiantes sobre acontecimientos históricos

Ⓑ un niño que desea unirse a una clase de karate

Ⓒ un niño que está decepcionado por un nuevo director malvado que cambia las reglas

Ⓓ un piloto que siente curiosidad acerca de un vuelo espacial

4. ¿Qué enunciado sobre los rebeldes es verdadero?

Ⓐ Van ganando la batalla.

Ⓑ Los rebeldes intentan restaurar el bien en la galaxia.

Ⓒ Están luchando contra la Guardia Real.

Ⓓ todas las opciones anteriores

5. ¿Cuál es el tema de este texto?

Ⓐ Estar a salvo en el espacio.

Ⓑ Prestar atención a la autoridad, incluso aunque no estés de acuerdo.

Ⓒ Encontrar un buen grupo de personas que te ayuden en la vida.

Ⓓ Pelear por lo que crees.

6. ¿Qué otro tipo de texto está relacionado con esta historia?

Ⓐ un poema sobre el espacio

Ⓑ un texto de no ficción sobre una nave espacial

Ⓒ una novela de ciencia ficción sobre vivir en el espacio en el futuro

Ⓓ una historia ficticia sobre la contaminación de la Tierra

1. Ⓢ Ⓝ

2. Ⓢ Ⓝ

3. Ⓢ Ⓝ

4. Ⓢ Ⓝ

5. Ⓢ Ⓝ

6. Ⓢ Ⓝ

___ / 6

Total

NOMBRE: _____ **FECHA:** _____

PUNTAJE

___ / 4

INSTRUCCIONES Vuelve a leer "La guerra en el espacio". Luego, lee la instrucción y responde en las líneas a continuación.

Piensa en cómo sería la vida en el espacio. ¿Qué extrañarías más de vivir en la Tierra y por qué?

_____

_____

_____

_____

_____

_____

_____

_____

_____

_____

_____

_____

_____

_____

_____

NOMBRE: _____ FECHA: _____

INSTRUCCIONES Lee el texto y luego responde las preguntas.

PUNTAJE

¿Es el fútbol lo mismo que el fútbol americano o son dos deportes diferentes? Bueno, según a quién le preguntes. Los estadounidenses conocen el fútbol como un juego donde se patea la pelota para meter goles. En el fútbol americano se taclea. Se anotan *touchdowns* en lugar de goles. Otros países tienen nombres diferentes para estos juegos. Algunos llaman fútbol a ambos deportes. ¡Puede ser muy confuso!

1. Ⓢ Ⓝ

2. Ⓢ Ⓝ

3. Ⓢ Ⓝ

1. ¿Qué título de capítulo ayudaría más a un lector que está haciendo una lectura previa del texto?

Ⓐ Patear la pelota

Ⓑ ¿Fútbol o fútbol americano?

Ⓒ Deportes estadounidenses

Ⓓ El deporte de taclear

2. ¿Qué entrada de índice ayudaría a un lector a ubicar este texto?

Ⓐ reglas del fútbol

Ⓑ nombres de deportes

Ⓒ héroes del deporte

Ⓓ lesiones en el fútbol americano

3. ¿Qué palabra tiene los mismos sonidos vocálicos que *goles*?

Ⓐ jarra

Ⓑ juguete

Ⓒ hora

Ⓓ donde

4. ¿Cuál es el antónimo de la palabra *confuso*?

Ⓐ rápidas

Ⓑ oscuridad

Ⓒ obvio

Ⓓ difícil

4. Ⓢ Ⓝ

5. Ⓢ Ⓝ

5. ¿Qué significa la expresión *según a quién le preguntes* en el texto?

Ⓐ Algunas personas no sabrán la respuesta.

Ⓑ Algunas personas serán groseras si les preguntas.

Ⓒ Obtendrás diferentes respuestas de personas diferentes.

Ⓓ Las personas concuerdan en la respuesta.

___ / 5

Total

NOMBRE: _____ FECHA:_____

PUNTAJE

INSTRUCCIONES Lee el texto y luego responde las preguntas.

1. Ⓢ Ⓝ

2. Ⓢ Ⓝ

Es bueno conocer la regla de la posición adelantada en el fútbol. Un jugador puede estar en posición adelantada. Esto ocurre cuando un jugador se coloca más cerca del área chica del oponente que la pelota y un defensor. Un jugador no puede recibir un pase después del área chica y del arquero. Esta regla hace que el juego sea justo. Evita que los jugadores estén después del área chica esperando un pase.

3. Ⓢ Ⓝ

1. ¿Qué enunciado resume el texto?

Ⓐ Este texto explica cómo los árbitros toman decisiones sobre las reglas.

4. Ⓢ Ⓝ

Ⓑ Este texto explica cómo los niños aprenden las habilidades del fútbol.

5. Ⓢ Ⓝ

Ⓒ Este texto explica qué reglas se rompen fácilmente durante un partido de fútbol.

___ / 5
Total

Ⓓ Este texto explica qué es la regla de la posición adelantada.

2. ¿Qué título de capítulo va mejor con este texto?

Ⓐ Anotamos un gol

Ⓑ Aficionados del fútbol

Ⓒ Reglas del fútbol

Ⓓ Cómo romper las reglas

3. ¿Cuáles dos palabras tienen los mismos sonidos vocálicos?

Ⓐ *bien* y *saber*

Ⓑ *pase* y *gol*

Ⓒ *punto* y *justo*

Ⓓ *pelota* y *pase*

4. ¿Cuál es el antónimo de *oponente*?

Ⓐ amigo

Ⓑ compañero de equipo

Ⓒ entrenador

Ⓓ maestro

5. ¿Qué significa la frase en el texto *hace que el juego sea justo*?

Ⓐ desacelera a las personas

Ⓑ evita que las personas hagan trampa

Ⓒ hace que el juego sea divertido de mirar

Ⓓ mantiene a los entrenadores felices

NOMBRE: _____ **FECHA:** _____

INSTRUCCIONES   Lee el texto y luego responde las preguntas.

¿Dónde puede un aficionado ver a los mejores jugadores de fútbol masculino del mundo? En la Copa Mundial, por supuesto. La Copa Mundial es la principal competencia de fútbol del mundo. Toma lugar cada cuatro años. Treinta y dos equipos compiten por el título de ganador. Brasil ha ganado la mayor cantidad de títulos: cinco en total.

1. Ⓢ Ⓝ

2. Ⓢ Ⓝ

3. Ⓢ Ⓝ

1. ¿Qué oración da la idea principal?

Ⓐ la primera oración

Ⓑ la segunda oración

Ⓒ la tercera oración

Ⓓ la última oración

2. ¿Qué título va mejor con este texto?

Ⓐ El último campeón

Ⓑ Jugar para ganar

Ⓒ La Copa Mundial

Ⓓ Entradas para un partido

3. ¿Cuáles dos palabras tienen la misma raíz?

Ⓐ *competir* y *competencia*

Ⓑ *masculino* y *más*

Ⓒ *equipo* y *empate*

Ⓓ *competir* y *curso*

4. ¿Cuál es un antónimo de *competencia*?

Ⓐ ganar

Ⓑ cooperación

Ⓒ juego

Ⓓ batalla

5. La oración *En la Copa Mundial, claro* muestra que

Ⓐ al autor no le agrada la Copa Mundial.

Ⓑ el autor piensa que la mayoría de los lectores conocen la Copa Mundial.

Ⓒ el autor va a la Copa Mundial.

Ⓓ el autor es jugador de un equipo en la Copa Mundial.

4. Ⓢ Ⓝ

5. Ⓢ Ⓝ

___ / 5

Total

NOMBRE: _____ **FECHA:** _____

Jugando con Beckham

Al crecer, muchos jóvenes quisieran ser un atleta famoso. David Beckham lo hizo. Muchas personas que lo conocieron afirman que nació para ser jugador de fútbol. Le encantaba este juego desde muy pequeño.

Beckham creció en Inglaterra. Vivió una vida bastante humilde. Jugaba al fútbol constantemente cuando era niño. Trabajó arduamente en sus habilidades. Siempre fue la parte más importante de su vida. Jugó su primer partido profesional de joven. Solamente tenía 18 años. Jugaba para el Manchester United.

Beckham se convirtió rápidamente en el favorito de los aficionados. Jugaba como centrocampista y ayudaba a pasar la pelota entre su equipo. Obtuvo mucha atención por un gol que hizo. Durante un juego, notó que un arquero estaba fuera del área chica. Metió un gol desde la línea del medio de la cancha. ¡Lo logró! Muchas personas empezaron a observar a Beckham después de ese partido.

Continuó trabajando arduamente. Beckham ayudaba a su equipo a ganar muchos partidos. También fue nominado para obtener el título de Jugador del Año a nivel mundial. Las personas disfrutaban verlo jugar.

En el año 2003, fue transferido al Real Madrid de España. Comenzó a ganar mucho dinero gracias a sus magníficos pies. Su vida realmente fue una historia de mendigo a millonario. Beckham, de una vida humilde, logró ganar millones de dólares jugando al fútbol.

David Beckham jugó para el equipo Los Angeles Galaxy desde el 2007 hasta el 2012. Sufrió varias lesiones en el transcurso de su carrera y no pudo jugar algunos partidos. En el 2013, se retiró del fútbol profesional. No obstante, David Beckham sigue siendo uno de los mejores jugadores de fútbol del mundo.

David Beckham

NOMBRE: _____ **FECHA:** _____

INSTRUCCIONES Lee "Jugando con Beckham" y luego responde las preguntas.

1. ¿Qué pregunta define un propósito para leer este texto?

(A) ¿Cuánto cobra un atleta profesional?

(B) ¿Cómo se convirtió David Beckham en un gran jugador de fútbol?

(C) ¿Qué equipo de fútbol ha ganado la mayor cantidad de campeonatos?

(D) ¿Cuáles son las reglas del fútbol?

2. ¿Qué oración demuestra la opinión del autor?

(A) Las personas disfrutan de verlo jugar.

(B) Beckham rápidamente se convirtió en el favorito de los aficionados.

(C) No obstante, David Beckham sigue siendo uno de los mejores jugadores de fútbol del mundo.

(D) Le encantaba este juego desde muy pequeño.

3. ¿Qué enunciado tiene conexión con este texto?

(A) Esto me recuerda a ser aficionado a una estrella de cine.

(B) Esto me recuerda a leer una historia como "Hansel y Gretel".

(C) Esto me recuerda a jugar en la playa.

(D) Esto me recuerda a trabajar arduamente para aprender a jugar al tenis.

4. ¿Qué suceso ocurrió primero?

(A) Beckham jugó para el equipo Los Angeles Galaxy.

(B) Beckham anotó un gol de medio campo.

(C) Beckham no pudo jugar algunos partidos debido a las lesiones.

(D) Beckham jugó para el Manchester United.

5. ¿Cuál es el punto más importante sobre la vida de Beckham?

(A) Solo tenía 18 años cuando se convirtió en un jugador de fútbol profesional.

(B) Trabajó arduamente desde niño y cuando creció pasó de mendigo a millonario.

(C) Jugó para tres equipos diferentes.

(D) Creció en Inglaterra.

6. ¿Cuántos equipos de fútbol profesionales se mencionan?

(A) un equipo

(B) dos equipos

(C) tres equipos

(D) cuatro equipos

1. (S)(N)

2. (S)(N)

3. (S)(N)

4. (S)(N)

5. (S)(N)

6. (S)(N)

___ / 6

Total

NOMBRE: _____ **FECHA:**_____

INSTRUCCIONES Vuelve a leer "Jugando con Beckham". Luego, lee la instrucción y responde en las líneas a continuación.

Piensa en cómo David Beckham trabajó arduamente para ser bueno en el deporte. Describe algo por lo que trabajaste y practicaste. ¿Qué te motiva a seguir practicando?

_____

_____

_____

_____

_____

_____

_____

_____

_____

_____

_____

_____

_____

_____

_____

NOMBRE: _____ **FECHA:** _____

INSTRUCCIONES Lee el texto y luego responde las preguntas.

El empleado bancario contaba el dinero todos los días. Ayudaba a los clientes que esperaban en la fila. Tenía que usar todos los distintos tipos de billetes y monedas. Algunas personas tenían cheques que necesitaban depositar. Cada cliente era diferente. El empleado nunca sabía qué esperar. Trabajar en un banco era como un acto de malabarismo.

1. (S)(N)

2. (S)(N)

3. (S)(N)

1. ¿De qué trata el texto?

(A) De alguien que roba un banco.

(B) De un empleado en una oficina.

(C) Del trabajo de un empleado bancario.

(D) De los bancos alrededor del mundo.

3. ¿Cuáles dos palabras del texto tienen el mismo sonido vocálico?

(A) *línea* y *cliente*

(B) *qué* y *era*

(C) *días* y *fila*

(D) *todos* y *moneda*

4. (S)(N)

5. (S)(N)

2. ¿Qué hacía el empleado bancario en su empleo?

(A) contaba el dinero

(B) ayudaba a los clientes en la fila

(C) usaba todos los distintos tipos de billetes y monedas

(D) todas las opciones anteriores

4. ¿Qué palabra tiene la misma raíz que *necesitaba*?

(A) necio

(B) necesita

(C) nítido

(D) nunca

____/5

Total

5. ¿Cuál es el símil en este texto?

(A) contaba el dinero todos los días

(B) nunca sabía qué esperar

(C) cada cliente era diferente

(D) trabajar en un banco era como un acto de malabarismo

NOMBRE: _____ FECHA:_____

INSTRUCCIONES Lee el texto y luego responde las preguntas.

La mamá de Sam sacó su tarjeta de crédito para pagar los comestibles.

"Mamá, ¿por qué usas una tarjeta para pagar las cosas?", preguntó Sam. Su mamá le explicó cómo funciona una tarjeta de crédito. Aún utiliza dinero para pagar los alimentos, pero lo hace con la tarjeta de crédito. Luego, paga la factura de la tarjeta de crédito al final del mes. Esto la ayuda a mantenerse dentro del presupuesto. También significa que no debe llevar efectivo. Ahora Sam comprende que todo se compra con dinero, aunque se utilice una tarjeta de crédito en una tienda.

1. Ⓢ Ⓝ

2. Ⓢ Ⓝ

3. Ⓢ Ⓝ

4. Ⓢ Ⓝ

5. Ⓢ Ⓝ

___ / 5
Total

1. ¿Qué título brindaría a un lector más información sobre este texto?

Ⓐ El debate de Sam

Ⓑ Una lección sobre tarjetas de crédito

Ⓒ Presupuestando el efectivo

Ⓓ Un paseo a la tienda

2. ¿Cuál es el escenario del texto?

Ⓐ un banco

Ⓑ un aeropuerto

Ⓒ una mesa en la cena

Ⓓ una tienda de comestibles

3. ¿Qué palabra en el texto tiene el mismo primer sonido que la palabra *cambio*?

Ⓐ llevar

Ⓑ comestibles

Ⓒ tarjeta

Ⓓ factura

4. ¿Cuál es un sinónimo de *presupuesto*?

Ⓐ pagar

Ⓑ plan de dinero

Ⓒ dinero

Ⓓ moneda

5. *Luego* y *ahora* son palabras que le indican al lector

Ⓐ la importancia de la información presentada en el texto.

Ⓑ el orden de los eventos.

Ⓒ que vuelva a leer la oración.

Ⓓ la solución al problema.

NOMBRE: _____ **FECHA:** _____

INSTRUCCIONES   Lee el texto y luego responde las preguntas.

Sammy y Justino han estado adentro todo el día. Estaba lloviendo a cántaros afuera. Los partidos de fútbol se habían cancelado. Los dos hermanos estaban aburridos. "Hagan algo interesante", les dijo su mamá. Los niños lo pensaron. Decidieron construir un fuerte. ¡Era tan divertido jugar adentro! Luego, el fuerte comenzó a colapsar. Había almohadas y sábanas por todos lados. "Ordenemos. Podemos hacerlo juntos —dijo su mamá—. El trabajo en equipo hace que todos llevemos una carga más liviana".

1. Ⓢ Ⓝ

2. Ⓢ Ⓝ

3. Ⓢ Ⓝ

1. ¿Qué imagen describiría mejor este texto a un lector?

Ⓐ una imagen de un fuerte de sábanas

Ⓑ una imagen de una pelota de fútbol

Ⓒ una imagen de una almohada

Ⓓ una imagen de dos hermanos

2. ¿Qué título va mejor con la idea principal de este texto?

Ⓐ Almohadas y sábanas

Ⓑ Un día lluvioso y divertido

Ⓒ Hermanos

Ⓓ A ordenar

3. ¿Qué palabra es la raíz en *decidieron*?

Ⓐ ciudad

Ⓑ decidir

Ⓒ dedo

Ⓓ ceder

4. ¿Cuáles de estas palabras significan lo mismo?

Ⓐ *aburrido* e *interesante*

Ⓑ *carga* y *fuerte*

Ⓒ *adentro* y *afuera*

Ⓓ *trabajar juntos* y *trabajo en equipo*

5. *Llevar una carga más liviana* es un ejemplo de

Ⓐ tono.

Ⓑ metáfora.

Ⓒ un tema.

Ⓓ un símil.

4. Ⓢ Ⓝ

5. Ⓢ Ⓝ

___ / 5

Total

NOMBRE: _____ FECHA:_____

Dinero en el banco

He estado haciendo las tareas de mi casa desde que era muy pequeña. Me gusta ayudar a mis padres. Y, además, recibo una mesada. Mi papá me da algo de dinero todos los meses después de terminar mis quehaceres.

Una parte de mí quiere ir a gastar el dinero de inmediato. Siempre tengo a la vista algún juguete o aparato. Pero no gasto el dinero. Papá me ayuda a dividir mi dinero equitativamente. Lo divido en tres categorías: pongo parte del dinero en mis ahorros, aparto un poco de dinero para donar y guardo un poco de dinero para gastarlo. De esta manera, puedo gastar, ahorrar y donar al mismo tiempo. He observado cómo mis ahorros han aumentado con el paso de los años. Tengo ideas nuevas todo el tiempo sobre cómo gastar mis ahorros. Por ahora, los guardo en el banco.

El dinero donado va a diferentes lugares. Con este puedo ayudar a las personas que lo necesitan. Un lugar al que realmente me gusta ayudar es la Reserva Natural. Me encantan los animales de todo tipo. La Reserva Natural se encarga de los animales silvestres heridos. Necesitan donativos para comprar alimentos y suministros para los animales. Hasta me mandan una tarjeta de agradecimiento después de hacer un donativo.

Creo que mis padres me están enseñando una buena lección sobre el dinero. ¡He aprendido a decirme no a mí misma! A menudo veo cosas que me quiero comprar. A veces mis amigos reciben juguetes nuevos y yo también quiero algo. Pero siempre pienso en cuánto cuestan las cosas. Me pregunto si realmente lo valen. ¿Debo recurrir a mis ahorros? ¿Tengo suficiente para gastar? Estas son buenas formas de practicar ser responsables con el dinero.

NOMBRE: _____ **FECHA:** _____

PUNTAJE

INSTRUCCIONES Lee "Dinero en el banco" y luego responde las preguntas.

1. ¿De qué trata el texto?

Ⓐ Este texto trata sobre no tener dinero en el banco.

Ⓑ Este texto trata sobre gastar y ahorrar dinero de manera inteligente.

Ⓒ Este texto trata sobre recorrer un banco.

Ⓓ Este texto trata sobre robar.

2. ¿Qué opinión tiene el autor?

Ⓐ La mesada no es importante para la mayoría de los niños.

Ⓑ Es importante ahorrar y donar dinero también.

Ⓒ La Reserva Natural necesita donaciones.

Ⓓ Un padre está a cargo del dinero de su hija.

3. ¿Quién se identificaría mejor con la experiencia de la narradora?

Ⓐ alguien que dona ropa vieja a personas que lo necesitan

Ⓑ un niño que está aprendiendo sobre monedas y billetes

Ⓒ alguien que intenta ahorrar dinero para una casa nueva

Ⓓ un visitante de la Reserva Natural

4. ¿Qué enunciado es verdadero sobre la narradora?

Ⓐ Gasta mucho dinero en cosas innecesarias.

Ⓑ Quiere gastar todo el dinero de inmediato, pero no lo hace.

Ⓒ Le gusta donar dinero a su escuela.

Ⓓ No comprende cómo ahorrar dinero.

5. ¿Cuál es el tema de este texto?

Ⓐ Aprender sobre el dinero es importante a cualquier edad.

Ⓑ Ahorrar un poco de dinero no vale la pena.

Ⓒ Dividir el dinero puede ser difícil.

Ⓓ Los donativos solo deben destinarse a lugares que ayudan a los animales.

6. ¿Qué otro tipo de texto es similar a este texto?

Ⓐ una carta donde se solicita un donativo

Ⓑ un texto de no ficción sobre ser inteligente con el dinero

Ⓒ una historia sobre un niño que pierde dinero en un paseo escolar

Ⓓ un texto de no ficción sobre imprimir nuevos billetes de dólar

PUNTAJE

1. Ⓢ Ⓝ

2. Ⓢ Ⓝ

3. Ⓢ Ⓝ

4. Ⓢ Ⓝ

5. Ⓢ Ⓝ

6. Ⓢ Ⓝ

___ / 6
Total

NOMBRE: _____ **FECHA:** _____

INSTRUCCIONES Vuelve a leer "Dinero en el banco". Luego, lee la instrucción y responde en las líneas a continuación.

Piensa en cómo la narradora divide su mesada. ¿Tiene sentido este sistema para ti? Explica tu razonamiento.

_____

_____

_____

_____

_____

_____

_____

_____

_____

_____

_____

_____

_____

_____

_____

NOMBRE: _____ **FECHA:** _____

INSTRUCCIONES   Lee el texto y luego responde las preguntas.

Las atletas no siempre han sido respetadas. Algunos deportes solo admiten hombres. Muchas personas ignoran los deportes femeninos. Los Juegos Olímpicos solían hacer esto también. Primero, las mujeres no podían participar en los Juegos Olímpicos. Esto cambió en el siglo xx. En ese momento, se les permitió a las mujeres participar. En la actualidad, las atletas mujeres ganan muchas medallas. Los deportes de mujeres son muy divertidos para mirar en los Juegos.

1. ¿Qué pregunta sobre el texto ayudaría a los lectores a hacer una lectura rápida?

Ⓐ ¿Cuándo se les permitió a las mujeres jugar en los Juegos Olímpicos?

Ⓑ ¿Qué deporte debo jugar en el recreo?

Ⓒ ¿Quién es respetado en nuestra escuela?

Ⓓ ¿Qué ocurrió en 1920?

2. ¿Qué título va mejor con este texto?

Ⓐ Los acontecimientos del siglo xx

Ⓑ Las mujeres en los deportes

Ⓒ Juegos Olímpicos

Ⓓ Cambios por venir

3. ¿Qué palabra tiene los mismos sonidos vocálicos que *jugar*?

Ⓐ ola

Ⓑ lugar

Ⓒ jugo

Ⓓ ganar

4. ¿Cuál es un sinónimo de *permitir*?

Ⓐ contar

Ⓑ fuerte

Ⓒ dejar

Ⓓ escuchar

5. ¿Qué palabra describe el tono de este texto?

Ⓐ objetivo

Ⓑ gracioso

Ⓒ personal

Ⓓ persuasivo

1. Ⓢ Ⓝ

2. Ⓢ Ⓝ

3. Ⓢ Ⓝ

4. Ⓢ Ⓝ

5. Ⓢ Ⓝ

___ / 5
Total

NOMBRE: _____ FECHA:_____

INSTRUCCIONES
Lee el texto y luego responde las preguntas.

PUNTAJE

1. Ⓢ Ⓝ

2. Ⓢ Ⓝ

3. Ⓢ Ⓝ

4. Ⓢ Ⓝ

5. Ⓢ Ⓝ

___ / 5
Total

Muchos aficionados disfrutan los Juegos Olímpicos. Algunos tienen un deporte favorito. Miran a los atletas y los animan. Quieren que su atleta favorito gane una medalla. Es divertido ver personas que tienen un excelente estado físico. Los atletas trabajan arduamente para los Juegos Olímpicos. Entrenan por años. Los Juegos Olímpicos ayudan a que los sueños de las personas se vuelvan realidad.

1. ¿Cuál es el enfoque principal de este texto?

Ⓐ sueños

Ⓑ Juegos Olímpicos

Ⓒ medallas

Ⓓ trabajo arduo

2. ¿Qué título se adapta mejor al texto?

Ⓐ Animando al equipo

Ⓑ Atletas y acontecimientos olímpicos

Ⓒ Poniéndose en forma

Ⓓ Demasiado trabajo arduo

3. ¿Cuáles dos palabras del texto tienen los mismos sonidos vocálicos?

Ⓐ *ganar* y *ayudar*

Ⓑ *tienen* y *físico*

Ⓒ *juegos* y *sueños*

Ⓓ *trabajan* y *estado*

4. ¿Cuál es un sinónimo de *animar* según se usa en este texto?

Ⓐ hacer ejercicio

Ⓑ plantar

Ⓒ buscar

Ⓓ alentar

5. ¿Qué otro tipo de texto es más similar a este texto?

Ⓐ un libro de matemática

Ⓑ una historia sobre ranas

Ⓒ un menú

Ⓓ un artículo sobre entrenar para practicar un deporte

NOMBRE: _____ **FECHA:** _____

INSTRUCCIONES Lee el texto y luego responde las preguntas.

Los Juegos Olímpicos tienen un símbolo especial. Son cinco anillos que están conectados. Los anillos son de color azul, amarillo, negro, verde y rojo. Se muestran sobre un fondo blanco. Estos cinco anillos representan la idea de que todos los países pueden participar en los Juegos. Los colores se eligieron para incluir los colores de las banderas de todos los países. Este símbolo se muestra en las banderas que ondean en los Juegos Olímpicos.

1. ¿Qué tipo de imagen describiría mejor este texto a un lector?

(A) una imagen de una bandera en blanco

(B) una línea del tiempo que muestre el año 1912

(C) una imagen del símbolo olímpico

(D) una fotografía de un atleta

2. ¿Qué título va mejor con este texto?

(A) Muchos colores

(B) Colores de las banderas

(C) Los Grandes Juegos

(D) El símbolo de los Juegos Olímpicos

3. ¿Qué te indican las pistas contextuales sobre el significado de la palabra *conectados*?

(A) relacionados

(B) unidos

(C) coloreados

(D) grandes

4. ¿Cuál de estas palabras tiene la misma raíz que *diseñado*?

(A) diseñador

(B) seña

(C) distraer

(D) donar

5. ¿Qué es verdadero sobre el símbolo de los Juegos Olímpicos?

(A) El diseño del símbolo incluye países de todo el mundo.

(B) El símbolo debe ser rediseñado.

(C) El símbolo representa solo unos pocos países.

(D) El símbolo no se ve muy seguido.

PUNTAJE

1. (S) (N)

2. (S) (N)

3. (S) (N)

4. (S) (N)

5. (S) (N)

___ / 5
Total

NOMBRE: _____ FECHA: _____

La historia de los Juegos Olímpicos

La Antorcha Olímpica en Pekín en el año 2008

Los Juegos Olímpicos se juegan cada dos años. Compiten países de todo el mundo. Los atletas ganan medallas. La de oro es para el primer lugar. La de plata es para el segundo lugar. La de bronce es para el tercer lugar. Los Juegos se llevan a cabo en un lugar diferente cada vez. Es un honor para cualquier ciudad ser anfitriona de los Juegos Olímpicos. Son una tradición para las personas que disfrutan de verlos.

Los Juegos Olímpicos se dividen en Juegos de Invierno y Juegos de Verano. Alternan, de modo que cada dos años, se juega uno de los dos. Los Juegos de Invierno muestran deportes de invierno. Estos incluyen patinaje y esquí. También incluyen descenso en trineo individual y en equipos. Hay 15 deportes de invierno.

Los Juegos de Verano muestran deportes de verano. La natación es un deporte de verano popular. También lo son el ciclismo y los eventos de atletismo. Hay 42 deportes de verano.

En contadas ocasiones, los Juegos Olímpicos no se realizaron. La Primera y la Segunda Guerra Mundial obligaron a la cancelación de los Juegos. Esto ocurrió en los años 1916, 1940 y 1944.

Los Juegos Olímpicos han existido por miles de años. Comenzaron en Grecia, en la antigüedad. A los antiguos griegos les gustaban las competencias. Se tomaban muy en serio los Juegos.

Con el pasar de los años, los deportes que se practican en los Juegos han cambiado. De hecho, los primeros Juegos solo tenían un deporte. Se llamaba *estadio*. Era una carrera a pie. Los deportes de la actualidad cambian de vez en cuando. Solía haber una competencia de botes. También se jugaba al polo en los Juegos. Estos dos deportes ya no forman parte de los Juegos Olímpicos.

Los Juegos Olímpicos son parte de la historia. Son un símbolo de buena voluntad. Unen a las personas de todo el mundo. Las personas disfrutan de ver quién ganará o perderá. Sin embargo, los Juegos Olímpicos no se tratan solamente de ganar. Se tratan de ser parte de una tradición. Se tratan de celebrar la comunidad global.

NOMBRE: _____ FECHA: _____

INSTRUCCIONES Lee "La historia de los Juegos Olímpicos" y luego responde las preguntas.

1. ¿Cuál es una predicción razonable según el título?

- Ⓐ Esta es una historia de ficción sobre asistir a los Juegos modernos.
- Ⓑ Este es un texto de no ficción sobre la historia de los Juegos Olímpicos.
- Ⓒ Este es un texto sobre la historia de una familia llamada Olímpicos.
- Ⓓ Este es un texto de no ficción sobre una ciudad llamada Olímpica.

2. ¿Cuál es el propósito del autor?

- Ⓐ describir quién ganó la mayor cantidad de medallas de oro
- Ⓑ persuadir a otros a comprar entradas para los Juegos
- Ⓒ enseñar sobre la historia de los Juegos Olímpicos
- Ⓓ enseñar sobre la Primera Guerra Mundial

3. ¿Qué enunciado tiene conexión con el texto?

- Ⓐ Me gusta jugar torneos de fútbol.
- Ⓑ Miré algunas de las prácticas de los Juegos Olímpicos de Londres 2012.
- Ⓒ Gané el primer lugar en un torneo de ajedrez.
- Ⓓ No me gusta mirar deportes.

4. El sexto párrafo encajaría mejor en un texto sobre

- Ⓐ cambios en los acontecimientos de los Juegos Olímpicos.
- Ⓑ los Juegos Olímpicos en 2008.
- Ⓒ la vida en la antigua Grecia.
- Ⓓ las medallas de los Juegos Olímpicos.

5. ¿Cuál es la idea principal?

- Ⓐ Los Juegos Olímpicos son juegos especiales que unen a personas de todo el mundo.
- Ⓑ Los Juegos de Invierno incluyen el esquí.
- Ⓒ Los Juegos de Verano incluyen la natación.
- Ⓓ Los Juegos Olímpicos se juegan cada cuatro años.

6. ¿Por qué las personas de todo el mundo están involucradas en los Juegos Olímpicos?

- Ⓐ porque los pasan por televisión en todos lados
- Ⓑ porque pueden competir atletas de todos los países
- Ⓒ porque los ganadores ganan mucho dinero
- Ⓓ porque todos quieren ser un atleta olímpico

1. Ⓢ Ⓝ

2. Ⓢ Ⓝ

3. Ⓢ Ⓝ

4. Ⓢ Ⓝ

5. Ⓢ Ⓝ

6. Ⓢ Ⓝ

___ / 6
Total

NOMBRE: _____ **FECHA:** _____

PUNTAJE

___ / 4

INSTRUCCIONES Vuelve a leer "La historia de los Juegos Olímpicos". Luego, lee la instrucción y responde en las líneas a continuación.

El autor compartió muchos hechos sobre los Juegos Olímpicos. ¿Qué hechos son más interesantes para ti? ¿Por qué?

_____

_____

_____

_____

_____

_____

_____

_____

_____

_____

_____

_____

_____

_____

NOMBRE: _____ **FECHA:** _____

INSTRUCCIONES   Lee el texto y luego responde las preguntas.

   "Pedro, ¿sacaste a Luci hoy?", preguntó su mamá. Pedro estaba a cargo de llevar a su perra a pasear. Luci necesitaba caminar todos los días. Aunque fuera una caminata corta, necesitaba ejercitarse. Pedro había aceptado hacerse cargo de Luci cuando pidió un cachorro. Sabía que los cachorros implicaban mucho trabajo. No le importaba. Pedro quería a Luci como a una mejor amiga.

1. Ⓢ Ⓝ

2. Ⓢ Ⓝ

3. Ⓢ Ⓝ

1. ¿De qué trata el texto?

Ⓐ ejercitar

Ⓑ un niño y su perra

Ⓒ mascotas

Ⓓ amigos

4. ¿Cuál es la definición de *ejercitarse*?

Ⓐ hacer compañía

Ⓑ realizar trabajo físico

Ⓒ alimentarse

Ⓓ alcanzar

4. Ⓢ Ⓝ

5. Ⓢ Ⓝ

2. ¿Quién es el personaje principal?

Ⓐ Luci

Ⓑ La mamá de Pedro

Ⓒ La mamá de Luci

Ⓓ Pedro

5. ¿Qué frase es un símil en este texto?

Ⓐ *a cargo de*

Ⓑ *aceptó cuidar*

Ⓒ *como a una mejor amiga*

Ⓓ *mucho trabajo*

___ / 5

Total

3. ¿Qué parte de una palabra podrías agregar a la raíz *pedir* para formar una nueva palabra?

Ⓐ *–es*

Ⓑ *–mente*

Ⓒ *–emos*

Ⓓ *–ción*

NOMBRE: _____ FECHA:_____

PUNTAJE

INSTRUCCIONES Lee el texto y luego responde las preguntas.

1. Ⓢⓝ

2. Ⓢⓝ

Un loro parlante puede ser una mascota muy divertida. A veces, puede incluso asustarte un poco. Una noche llegué a casa con mis padres y la sala de estar estaba a oscuras. Antes de poder encender una luz, escuchamos una voz llamando nuestros nombres. Estábamos muy asustados porque pensamos que había un ladrón en nuestra casa. Resultó ser nuestro loro que nos saludaba. Nos reímos por mucho tiempo después de que sucedió eso.

3. Ⓢⓝ

1. ¿Qué título informaría a un lector más sobre este texto?

Ⓐ Los piratas y sus pájaros

Ⓑ Asustados por un loro

Ⓒ ¿Es ese un ladrón?

Ⓓ Una historia divertida

4. Ⓢⓝ

4. ¿Cuál es un sinónimo de *saludar*?

Ⓐ picotear

Ⓑ gritar

Ⓒ dar la bienvenida

Ⓓ asumir

5. Ⓢⓝ

___/5
Total

2. ¿Quién es el narrador?

Ⓐ un niño

Ⓑ una madre

Ⓒ un padre

Ⓓ un loro

5. ¿Qué palabra describe el tono del texto?

Ⓐ informativo

Ⓑ serio

Ⓒ divertido

Ⓓ falso

3. ¿Qué palabra tiene los mismos sonidos vocálicos que *asustar*?

Ⓐ azotar

Ⓑ saludar

Ⓒ bastón

Ⓓ perchero

NOMBRE: _____ **FECHA:** _____

INSTRUCCIONES Lee el texto y luego responde las preguntas.

Guido apenas podía mantenerse quieto en la escuela. Lo único en lo que podía pensar era en irse a la casa en ese momento. Guido solo pensaba en su preciosa perra, Mabel. Mabel estaba por tener cachorros en cualquier momento. La familia de Guido ya tenía hogares para todos los bebés. Los nuevos dueños solo estaban esperando. Guido se preguntaba si Mabel daría a luz hoy. Pensó en su mascota durante todo el camino a casa en el autobús.

1. ⓈⓃ

2. ⓈⓃ

3. ⓈⓃ

4. ⓈⓃ

5. ⓈⓃ

___ / 5
Total

1. ¿Qué imagen describiría mejor este texto a un lector?

Ⓐ una imagen de una perra con cachorros

Ⓑ una imagen de un reloj

Ⓒ una imagen de una escuela

Ⓓ una imagen de un autobús escolar

2. ¿Qué título va mejor con este texto?

Ⓐ El secreto de Mabel

Ⓑ Esperando los cachorros

Ⓒ Los preparativos

Ⓓ Difícil de esperar

3. ¿Cuál es la raíz de *pensaba*?

Ⓐ saba

Ⓑ pens–

Ⓒ –aba

Ⓓ pensab–

4. ¿Cuáles de estas palabras son sinónimos?

Ⓐ *apenas* y *pensar*

Ⓑ *preguntarse por* y *pensar en*

Ⓒ *sentarse* y *tranquilo*

Ⓓ *minuto* y *hoy*

5. ¿Cuál es un ejemplo de aliteración en el texto?

Ⓐ estaba por tener cachorros

Ⓑ la casa

Ⓒ Guido se preguntaba

Ⓓ pensaba en su preciosa perra

NOMBRE: _____ **FECHA:**_____

La cara más linda del mundo

La familia Ling no pensaba que se iría a casa con una mascota ese día. Ani quería visitar el refugio de animales. Quería ver a los gatos y a los perros. Había deseado una mascota durante años. Sus padres estaban esperando que las niñas tuvieran suficiente edad. Ani tenía siete años. Su hermana Lily solo tenía tres. Lily aún estaba aprendiendo a actuar en presencia de animales. ¡Tenía mucha energía!

Ani y Lily estaban entusiasmadas por ver a los animales. Una voluntaria del refugio brindó un recorrido a la familia Ling. La voluntaria habló sobre por qué los animales llegaban al refugio. Algunos eran encontrados en la carretera. Otros eran dejados allí por familias que no podían cuidarlos.

Finalmente, la familia Ling pudo ver a los animales. Había una sección de gatos y una de perros. ¡Todos eran tan lindos! Algunos animales parecían asustados. Esto entristeció a Ani. La voluntaria les explicó que los animales necesitan tiempo para acostumbrarse a un nuevo lugar. Aseguró a Ani que todas las personas que cuidaban a estos animales eran amables.

La familia Ling caminó por la sección de los perros. Comenzaron a conversar. Un perro parecía ser la opción adecuada. La mamá de Ani no podía quitar la mirada de un perro negro algo viejo y con ojos amables. El papá de Ani estaba interesado en un perro más grande y con más energía. Ani había encontrado su favorito. Era un cachorro pequeño. Era marrón con manchas. Había sido encontrado cerca de las vías del tren con otros seis cachorros. Ani no podía dejar de mirar a este perro. Pensó que tenía la cara más linda del mundo.

Ani imploró a sus padres. No querían tomar una decisión apresurada. Las mascotas son una gran responsabilidad. Pero podían ver en los ojos de Ani que había encontrado a un compañero. La voluntaria les dijo que el perro era de buena raza y que sería amable con las niñas. Eso era lo que la familia necesitaba escuchar. ¡Se decidieron! ¡Este pequeño los acompañaría a casa!

NOMBRE: _____ **FECHA:** _____

> **INSTRUCCIONES** Lee "La cara más linda del mundo" y luego responde las preguntas.

1. ¿Qué enunciado resume el texto?

Ⓐ Ani conoce a otro niño que tiene una cara linda.

Ⓑ Ani tiene la cara más linda del mundo.

Ⓒ Ani conoce a su nuevo perro, y este tiene la cara más linda del mundo.

Ⓓ La familia de Ani discute sobre quién tiene la cara más linda del mundo.

2. El autor probablemente estaría de acuerdo con que

Ⓐ un refugio de animales puede ser un buen lugar para encontrar una mascota.

Ⓑ cualquier mascota puede vivir con cualquier familia.

Ⓒ las mascotas son fáciles de cuidar.

Ⓓ las personas solo deben adoptar cachorros.

3. ¿Qué enunciado tiene una conexión personal con el texto?

Ⓐ Mi hermano es alérgico a los perros.

Ⓑ Mi familia adoptó a nuestro gato en un refugio.

Ⓒ Las serpientes son buenas mascotas.

Ⓓ Soy voluntario en mi escuela.

4. ¿Cuál fue el gran cambio que hicieron los personajes?

Ⓐ Ani y su madre finalmente estuvieron de acuerdo en tener una mascota.

Ⓑ La familia Ling decidió ofrecerse como voluntaria en el refugio.

Ⓒ Querían esperar para tener una mascota, pero conocieron la adecuada en el recorrido.

Ⓓ Querían un gato, pero eligieron un perro.

5. ¿Qué mensaje comparte este texto sobre adoptar mascotas?

Ⓐ Encontrar la mascota adecuada para tu familia es importante.

Ⓑ Hay más gatos en adopción que perros.

Ⓒ Adoptar una mascota es difícil.

Ⓓ Los refugios no tienen animales adorables para las familias.

6. ¿Qué título a continuación indica un texto similar?

Ⓐ Enamorarse de un gato extraviado

Ⓑ Preparativos para un bebé

Ⓒ Mudarse a un nuevo hogar

Ⓓ Abrir obsequios

PUNTAJE

1. Ⓢ Ⓝ

2. Ⓢ Ⓝ

3. Ⓢ Ⓝ

4. Ⓢ Ⓝ

5. Ⓢ Ⓝ

6. Ⓢ Ⓝ

___ / 6

Total

PUNTAJE

___ / 4

NOMBRE: _____ **FECHA:** _____

INSTRUCCIONES Vuelve a leer "La cara más linda del mundo". Luego, lee la instrucción y responde en las líneas a continuación.

Piensa en cuán feliz debe haberse sentido Ani cuando vio a su futuro perro por primera vez. ¿Cuándo te has sentido feliz al enfrentar un cambio en tu vida? ¿Cómo describirías ese sentimiento?

_____

_____

_____

_____

_____

_____

_____

_____

_____

_____

_____

_____

_____

_____

NOMBRE: _____ **FECHA:**_____

INSTRUCCIONES Lee el texto y luego responde las preguntas.

¿Puedes imaginarte un mundo sin galletas con chispas de chocolate? Este riquísimo alimento no siempre existió. Fue inventado por Ruth Wakefield en 1930. Ella trabajaba en una posada. Horneaba dulces para los huéspedes. Una noche, tomó una decisión. Cortó pedazos de una barra de chocolate. Los agregó a su masa de galletitas. Quería hacer galletas de chocolate. Pensó que el chocolate se derretiría y se fundiría con la masa. ¡Se sorprendió al descubrir que el chocolate permaneció en pedazos!

1. Ⓢ Ⓝ

2. Ⓢ Ⓝ

3. Ⓢ Ⓝ

1. ¿Qué pregunta sobre el texto ayudaría a los lectores a hacer una lectura rápida?

Ⓐ ¿Qué viene en pedazos como el chocolate?

Ⓑ ¿Qué más pueden mezclar las personas?

Ⓒ ¿Quién inventó la galleta con chispas de chocolate?

Ⓓ ¿Dónde hay una posada cerca de mi casa?

3. ¿Qué palabra tiene los mismos sonidos vocálicos que *chispas*?

Ⓐ noche

Ⓑ dulces

Ⓒ chinas

Ⓓ masa

4. Ⓢ Ⓝ

5. Ⓢ Ⓝ

2. ¿Qué título va mejor con este texto?

Ⓐ Mezclando todo

Ⓑ La primera galleta con chispas de chocolate

Ⓒ Los dulces de Ruth

Ⓓ Dulces para los huéspedes

4. ¿Cuál es la definición de *pedazos* según este texto?

Ⓐ bultos

Ⓑ rocas

Ⓒ trozos grandes

Ⓓ partes duras

___ / 5
Total

5. ¿Qué palabra describe el tono del texto?

Ⓐ objetivo

Ⓑ serio

Ⓒ divertido

Ⓓ persuasivo

NOMBRE: _____ **FECHA:** _____

1. Ⓢ Ⓝ

2. Ⓢ Ⓝ

3. Ⓢ Ⓝ

4. Ⓢ Ⓝ

5. Ⓢ Ⓝ

___ / 5
Total

INSTRUCCIONES Lee el texto y luego responde las preguntas.

¿Te gusta comer? Podrías ganar dinero por hacerlo. Ser catador de comida es una profesión real que muchos adultos estudian. No es un trabajo tan fácil como crees. Los catadores de comida deben pensar mucho en cómo huelen, saben y se siente los alimentos en la boca. Deben poder describir todas estas sensaciones. Las compañías los contratan para verificar sus productos antes de colocarlos en las estanterías de las tiendas.

1. ¿Qué tipo de imagen describiría mejor este texto a un lector?

Ⓐ una imagen de comida

Ⓑ una imagen de un catador de comida en su trabajo

Ⓒ una lista de ingredientes de una receta

Ⓓ una imagen de un plato y un tenedor

2. ¿Qué título de capítulo ayudaría a un lector a ubicar esta información en un índice?

Ⓐ ¡Sabroso!

Ⓑ El trabajo de un catador de comida

Ⓒ Trabajo fácil

Ⓓ Estómago lleno

3. ¿Cuál es la raíz en la palabra *catadores*?

Ⓐ catión

Ⓑ catar

Ⓒ sabor

Ⓓ canción

4. ¿Cuál es un sinónimo de *estudiar*?

Ⓐ cazar

Ⓑ aprender

Ⓒ rastrear

Ⓓ seguir

5. ¿Qué otro tipo de texto es más similar a este texto?

Ⓐ un libro de matemática

Ⓑ un libro de información sobre empleos

Ⓒ un libro de cocina

Ⓓ un libro de texto de escritura

NOMBRE: _____ FECHA: _____

INSTRUCCIONES   Lee el texto y luego responde las preguntas.

Todos prefieren determinados alimentos. Todos tenemos cosas que nos gustan y cosas que no nos gustan. Algunas personas siempre prueban la comida de diferentes maneras. Estas personas son *súper catadores*. Tienen un sentido muy intenso del gusto. Los súper catadores son muy sensibles a determinados sabores. Las cosas amargas saben aún más amargas. Los alimentos salados saben más salados. Las cosas dulces pueden saber muy dulces. ¡Comparar sabores de alimentos sí que es un misterio!

1. ⓈⓃ

2. ⓈⓃ

3. ⓈⓃ

1. ¿Qué te indica la primera oración sobre este texto?

Ⓐ Es un texto sobre preferencias de alimentos.

Ⓑ Es un texto sobre alergias a los alimentos.

Ⓒ Es un texto sobre comer saludablemente.

Ⓓ Es un texto sobre los alimentos en la historia.

3. ¿Qué palabra del texto forma una nueva palabra al agregar el prefijo *dis–*?

Ⓐ dulce

Ⓑ seguros

Ⓒ gusto

Ⓓ misterio

4. ⓈⓃ

5. ⓈⓃ

2. ¿Qué imagen ayudaría a un lector a comprender esta información?

Ⓐ una imagen de un tenedor

Ⓑ una imagen de un salero

Ⓒ una imagen de una persona catando comida

Ⓓ ninguna de las opciones anteriores.

4. ¿Qué palabra tiene la misma raíz que *comparar*?

Ⓐ parir

Ⓑ comparación

Ⓒ computadora

Ⓓ par

___ / 5
Total

5. ¿Qué palabra describe el tono del texto?

Ⓐ objetivo

Ⓑ serio

Ⓒ divertido

Ⓓ persuasivo

NOMBRE: _____ FECHA: _____

La invención de la goma de mascar

Algunos inventores pasan tiempo tratando de producir el invento correcto. Trabajan arduamente con muestras. Comparan estas muestras. Intentan obtener el mejor producto. Los inventores pueden consultar con otras personas. Hasta pueden exhibir su trabajo para obtener ideas de otras personas. El proceso es largo y detallado.

Otras invenciones ocurren casi por accidente. Algo sorprendente ocurre. Esta sorpresa hace que una persona tenga una nueva idea sobre algo. Eso es todo lo que hace falta. La goma de mascar se inventó de esta manera. Surgió por accidente.

Las personas habían estado masticando sustancias durante muchos años. Las personas en la antigüedad masticaban alquitrán de abedul. Otras masticaban un tipo de resina de un árbol. Y a otras les gustaban sustancias que provenientes de plantas o pastos.

Lo que llamamos goma de mascar se obtuvo por casualidad. A las personas en México les gustaba masticar algo llamado *chicle*. Esta era una sabia de los árboles de chicozapote. Un general en el ejército mexicano quería usar el chicle. Quería venderlo como una alternativa más económica que el caucho.

Un inventor norteamericano se involucró. Su nombre era Thomas Adams. No pudo lograr que el chicle funcionara como sustituto del caucho. Lo usó para intentar inventar otras cosas. Un día se metió el chicle en la boca. Lo masticó. Le gustó. Le agregó sabor al chicle. Este fue el primer uso de la goma de mascar.

En la actualidad, la goma de mascar es un producto muy popular en las tiendas. Existe de muchos sabores. Viene de muchas formas y tamaños. Algunas gomas de mascar tienen azúcar. Otras no. ¡Pero de seguro todas son deliciosas!

NOMBRE: _____ **FECHA:** _____

PUNTAJE

INSTRUCCIONES Lee "La invención de la goma de mascar" y luego responde las preguntas.

1. ¿Cuál es el propósito de leer este texto?

(A) aprender cómo hacer goma de mascar

(B) persuadir para comprar goma de mascar

(C) aprender cómo se inventó la goma de mascar

(D) aprender todo sobre los inventos

2. ¿Qué consejo les podría dar el autor a los inventores?

(A) Trabaja muchos años hasta que estés listo para compartir un invento.

(B) Sigue intentando cosas porque nunca sabes cuándo inventarás algo.

(C) No compartas tus inventos con nadie.

(D) Mantente seguro mientras ensayas tus inventos.

3. ¿Quién se relacionaría probablemente con este texto?

(A) un maestro que está interesado en diferentes países

(B) un niño que ama ver qué ocurrirá en los experimentos de ciencias

(C) un adulto que habla español

(D) un adulto que era un general en la guerra

4. ¿Qué se compara en este texto?

(A) inventos que tardan mucho en descifrarse e inventos que son accidentales

(B) el invento del caucho y el invento de la goma de mascar

(C) el general y Thomas Adams

(D) México y Estados Unidos

5. ¿Cuál es la idea principal?

(A) Los inventos ocurren de muchas maneras.

(B) Los inventos requieren mucho tiempo.

(C) Los inventos requieren mucho trabajo.

(D) Los inventores generalmente tienen suerte.

6. ¿Cómo describe este texto el invento de la goma de mascar?

(A) Fue un experimento que duró mucho tiempo.

(B) Fue un avance científico.

(C) Fue un accidente feliz.

(D) Fue un error.

1. (S) (N)

2. (S) (N)

3. (S) (N)

4. (S) (N)

5. (S) (N)

6. (S) (N)

___ / 6
Total

NOMBRE: _____ **FECHA:**_____

PUNTAJE

___ / 4

INSTRUCCIONES

Vuelve a leer "La invención de la goma de mascar". Luego, lee la instrucción y responde en las líneas a continuación.

¿Alguna vez has descubierto algo por accidente? De ser así, ¿qué fue? De no ser así, ¿qué esperas poder inventar o descubrir?

_____

_____

_____

_____

_____

_____

_____

_____

_____

_____

_____

_____

_____

_____

_____

_____

NOMBRE: _____ FECHA:_____

Lee el texto y luego responde las preguntas.

Jana siempre estaba contando historias. Hablaba sobre su familia. Vivían muchas aventuras. A su familia le encantaban sus historias. A veces, exageraba.

—No sucedió exactamente así —decía su mamá—. ¿De dónde vienen tus historias?

—¡Tengo una imaginación desbocada! —decía Jana.

1. Ⓢ Ⓝ

2. Ⓢ Ⓝ

3. Ⓢ Ⓝ

1. ¿Qué título va mejor con este texto?

Ⓐ La familia de Jana

Ⓑ Historias exageradas

Ⓒ Imaginaciones

Ⓒ Narración

4. ¿Qué palabra tiene la misma raíz que *suceder*?

Ⓐ feliz

Ⓑ su

Ⓒ sucedió

Ⓓ dio

4. Ⓢ Ⓝ

5. Ⓢ Ⓝ

2. Jana tiene un conflicto con

Ⓐ su madre.

Ⓑ ella misma.

Ⓒ su maestra.

Ⓓ su hermano.

5. ¿Qué significa la expresión *imaginación desbocada*?

Ⓐ pretender ser un animal

Ⓑ pensar en animales silvestres

Ⓒ tener muy buena imaginación y muchas ideas

Ⓓ tener poca imaginación

___ / 5
Total

3. ¿Cuáles dos palabras del texto tienen los mismos sonidos vocálicos?

Ⓐ *su* y *fue*

Ⓑ *tengo* y *vienen*

Ⓒ *vienen* y *siempre*

Ⓓ *así* y *estaba*

NOMBRE: _____ FECHA:_____

INSTRUCCIONES Lee el texto y luego responde las preguntas.

PUNTAJE

1. Ⓢ Ⓝ

2. Ⓢ Ⓝ

3. Ⓢ Ⓝ

4. Ⓢ Ⓝ

5. Ⓢ Ⓝ

___ / 5
Total

Era asombroso ver al Hombre Fuerte en el circo. Podía levantar objetos muy pesados, a veces, con una sola mano. La multitud se asombraba con su fuerza. Levantaba pesos enormes como si fueran livianos como una pluma. Las personas se preguntaban cómo alguien podía ser tan fuerte. El Hombre Fuerte era definitivamente uno de los mejores actos del espectáculo.

1. ¿Qué título brindaría a un lector más información sobre este texto?

Ⓐ Un circo

Ⓑ El Hombre Fuerte

Ⓒ Levantando pesos

Ⓓ Fuerza maravillosa

2. ¿De qué trata el texto?

Ⓐ De ser liviano como una pluma

Ⓑ De una persona que complace a la multitud

Ⓒ Del popular acto de circo del Hombre Fuerte

Ⓓ De un circo lleno de personas

3. ¿Qué palabra tiene los mismos sonidos vocálicos que *pluma*?

Ⓐ acto

Ⓑ círco

Ⓒ una

Ⓓ fuerte

4. ¿Cuál es la definición de la palabra *asombro*?

Ⓐ miedo

Ⓑ admiración

Ⓒ invisible

Ⓓ herido

5. ¿Qué frase del texto es un símil?

Ⓐ asombroso de ver

Ⓑ tan liviano como una pluma

Ⓒ levanta pesos enormes

Ⓓ uno de los mejores actos

NOMBRE: _____ **FECHA:**_____

Lee el texto y luego responde las preguntas.

    Los leñadores fueron a trabajar en el árbol. Sabían que tenían que derribarlo ese día. Prepararon todas las herramientas para cortarlo. Era un trabajo arduo que requería mucha fuerza y concentración para mantenerse a salvo. Los leñadores eran parte de un equipo en el que todos confiaban en el otro. ¡Muchos de ellos tuvieron que trabajar juntos para derribar algunos de esos grandes árboles de manera segura!

1. ⓈⓃ

2. ⓈⓃ

3. ⓈⓃ

1. ¿Quiénes son los protagonistas?

Ⓐ los leñadores

Ⓑ los árboles

Ⓒ las herramientas

Ⓓ personas fuertes

4. ¿Qué palabra tiene la misma raíz que confiaban?

Ⓐ confabular

Ⓑ confiable

Ⓒ loable

Ⓓ fiar

4. ⓈⓃ

5. ⓈⓃ

2. ¿Cuál es el escenario?

Ⓐ una planta maderera

Ⓑ un bosque

Ⓒ una gran ciudad

Ⓓ un camión

5. ¿Qué título va mejor con este texto?

Ⓐ Derribar todos los árboles

Ⓑ Trabajando en el bosque

Ⓒ Larry, el leñador

Ⓓ Mis herramientas favoritas

___ / 5

Total

3. ¿Cuáles dos palabras tienen los mismos sonidos vocálicos?

Ⓐ *cortar* y *trabajar*

Ⓑ *preparar* y *derribar*

Ⓒ *otro* y *juntos*

Ⓓ *árbol* y *salvo*

NOMBRE: _____ **FECHA:** _____

Paul Bunyan

Paul Bunyan era un leñador grande, alto y fuerte. La historia de su vida es un cuento popular. Ha sido compartida por generaciones. También se ha exagerado. Es un cuento popular que muchas personas aún conocen.

La mayoría de los cuentos de Paul Bunyan incluyen a su camarada. Un *camarada* es un amigo que siempre está contigo. El camarada de Paul era un buey azul llamado Babe. Las historias de Paul y Babe describen la fuerza de Paul Bunyan. De hecho, cuando nació, cinco cigüeñas debieron cargar al bebé. Era bastante grande. Cuando tenía una semana de edad, Paul tuvo que usar la vestimenta de su padre.

Mientras crecía, Paul siempre estaba con Babe y ayudaba con diferentes proyectos. Paul y Babe a menudo usaban su fuerza para ayudar a las personas que lo necesitaban. Un día, un grupo de leñadores descubrió un enorme atasco de troncos. Estaba en el río Wisconsin. Los troncos medían casi 200 pies de alto. El atasco continuaba por una milla o más. Paul y Babe fueron a ayudar. Babe se metió al agua y movió su cola hacia adelante y hacia atrás. El agua se agitó tanto que ocasionó que el atasco se moviera corriente arriba desplazando los troncos. Con cada movimiento de su cola más troncos se separaban del atasco. Finalmente, los troncos comenzaron a moverse más y a flotar corriente abajo.

La historia de Paul Bunyan aún persiste en la actualidad. Las personas disfrutan escuchar sobre el enorme y fuerte hombre y su enorme y fuerte buey.

NOMBRE: _____ **FECHA:** _____

INSTRUCCIONES Lee "Paul Bunyan" y luego responde las preguntas.

1. ¿Qué enunciado sobre Paul Bunyan **no** es correcto?

(A) Paul Bunyan usaba su fuerza para ayudar a las personas.

(B) Paul Bunyan era más grande que las personas normales.

(C) Paul Bunyan cortaba árboles dondequiera que fuera.

(D) Paul Bunyan tenía un acompañante que lo ayudaba.

2. ¿Qué oración muestra la opinión del autor?

(A) El camarada de Paul era un buey azul llamado Babe.

(B) Las personas disfrutan escuchar sobre el enorme y fuerte hombre y su enorme y fuerte buey.

(C) Paul y Babe fueron a ayudar.

(D) La mayoría de los cuentos de Paul Bunyan incluyen a su camarada.

3. ¿Quién podría tener una conexión personal con el texto?

(A) una persona que es muy baja y necesita ayuda para alcanzar las cosas

(B) un pescador

(C) una persona que tiene un perro grande de mascota

(D) un leñador

4. ¿Qué palabra describe el personaje de Paul Bunyan?

(A) raro

(B) colaborador

(C) torpe

(D) serio

5. ¿Qué indica este texto sobre los cuentos populares?

(A) Se olvidan fácilmente.

(B) Se tratan sobre personas fuertes.

(C) Son historias importantes que se transmiten de generación en generación.

(D) Se comparten en los días festivos.

6. ¿Qué otra historia presenta un personaje que tiene un camarada animal?

(A) "La Bella Durmiente"

(B) "Los tres ositos"

(C) "Cenicienta"

(D) "Jorge, el curioso"

1. (S)(N)
2. (S)(N)
3. (S)(N)
4. (S)(N)
5. (S)(N)
6. (S)(N)

___ / 6
Total

NOMBRE: _____ **FECHA:** _____

PUNTAJE

___ / 4

INSTRUCCIONES Vuelve a leer "Paul Bunyan". Luego, lee la instrucción y responde en las líneas a continuación.

Piensa en una historia exagerada que conozcas o hayas escuchado. ¿Cuál es la historia y cómo sabes que ha tomado proporciones excesivas?

_____

_____

_____

_____

_____

_____

_____

_____

_____

_____

_____

_____

_____

_____

NOMBRE: _____ **FECHA:** _____

INSTRUCCIONES Lee el texto y luego responde las preguntas.

La Tierra siempre se está moviendo. Gira alrededor del Sol una vez cada año. Esto produce cuatro estaciones diferentes. También rota sobre su propio eje cada 24 horas. Esto da origen al día y la noche. El cielo nocturno cambia durante el año. Las constelaciones que se observan cambian con cada estación.

1. ⓈⓃ

2. ⓈⓃ

3. ⓈⓃ

1. ¿Qué título informaría a un lector más sobre este texto?

- Ⓐ Cambios
- Ⓑ Movimientos de la Tierra
- Ⓒ El Sol y la Luna
- Ⓓ La Tierra

3. ¿Cuáles dos palabras tienen los mismos sonidos vocálicos?

- Ⓐ *año* y *eje*
- Ⓑ *día* y *vista*
- Ⓒ *propio* y *noche*
- Ⓓ *esto* y *para*

4. ⓈⓃ

5. ⓈⓃ

2. ¿Cuál es la idea principal?

- Ⓐ La Tierra rota alrededor de su eje en 24 horas.
- Ⓑ La Tierra gira alrededor del Sol en un año.
- Ⓒ La Tierra gira y rota.
- Ⓓ El cielo nocturno cambia.

4. ¿Qué objeto *rotaría*?

- Ⓐ el viento
- Ⓑ una serpiente
- Ⓒ una rueda
- Ⓓ una cometa

____ / 5

Total

5. El lenguaje del texto sugiere que el autor se dirige

- Ⓐ a la Tierra.
- Ⓑ al autor.
- Ⓒ a todos los seres humanos.
- Ⓓ al Sol.

NOMBRE: _____ FECHA:_____

PUNTAJE

INSTRUCCIONES Lee el texto y luego responde las preguntas.

Un *mapa celeste* es un mapa del cielo nocturno. También puede llamarse un *carta celeste*. Muestra dónde se encuentran las estrellas y las constelaciones en el cielo. Al igual que la mayoría de los mapas, un mapa celeste está rotulado con las cuatro direcciones. Cuando una persona observa el cielo, es útil tener el mapa celeste en la dirección correcta. Entonces, es fácil comparar lo que está en el mapa con lo que está en el cielo.

1. ⓢⓃ

2. ⓢⓃ

3. ⓢⓃ

4. ⓢⓃ

5. ⓢⓃ

___/ 5
Total

1. ¿Qué título va mejor con este texto?

Ⓐ Cuatro direcciones

Ⓑ Mapas celestes

Ⓒ Mapas

Ⓓ Cómo usar un mapa

2. ¿Qué resume mejor la idea principal?

Ⓐ Las constelaciones cuentan historias.

Ⓑ El cielo nocturno es oscuro.

Ⓒ Los mapas celestes son mapas del cielo nocturno.

Ⓓ Las palabras en el mapa son importantes.

3. ¿Cuáles palabras tienen los mismos sonidos vocálicos?

Ⓐ *igual* y *está*

Ⓑ *usar* y *cuatro*

Ⓒ *estelar* y *estrella*

Ⓓ *cielo* y *celeste*

4. ¿Qué objeto sería más probablemente *rotulado*?

Ⓐ un plato

Ⓑ un paquete

Ⓒ un perro

Ⓓ un lápiz

5. ¿Cómo se relacionan los mapas celestes y las cartas celestes?

Ⓐ Son dos nombres diferentes para el mismo elemento.

Ⓑ Deben usarse juntos para observar el cielo nocturno.

Ⓒ Un mapa celeste se debe llamar *carta celeste*.

Ⓓ No están relacionados.

 126831—180 Days of Reading—Spanish

NOMBRE: _____ FECHA: _____

INSTRUCCIONES Lee el texto y luego responde las preguntas.

PUNTAJE

La astronomía es un tipo de ciencia. Estudia el universo. El universo está compuesto por muchas cosas. Las personas que estudian el universo a menudo eligen una cosa para investigar. Pueden enfocarse en los planetas. Pueden estudiar las estrellas. Pueden aprender sobre el Sol. Esta información nos ayuda. Las personas en la Tierra pueden aprender sobre la vida en el espacio.

1. Ⓢ Ⓝ

2. Ⓢ Ⓝ

3. Ⓢ Ⓝ

1. ¿Qué imagen describiría mejor este texto a un lector?

Ⓐ una imagen de un astronauta

Ⓑ una imagen de un microscopio

Ⓒ una imagen de un científico

Ⓓ una imagen de un planeta

4. ¿Qué palabra **no** significa lo mismo que *investigar*?

Ⓐ estudiar

Ⓑ explorar

Ⓒ examinar

Ⓓ ignorar

4. Ⓢ Ⓝ

5. Ⓢ Ⓝ

2. ¿Cuál es la idea principal?

Ⓐ El Sol y los planetas son parte del universo.

Ⓑ Algunas personas estudian las estrellas.

Ⓒ La ciencia de la astronomía nos enseña sobre el universo.

Ⓓ A las personas en la Tierra les gusta pensar en el espacio.

5. ¿Qué otro tipo de texto es similar a este texto?

Ⓐ un libro de ciencias

Ⓑ una novela de fantasía

Ⓒ una imagen del planeta Marte

Ⓓ un diario o una entrada de diario sobre un paseo al museo de historia

___ / 5

Total

3. ¿Qué palabra tiene la misma raíz que *estudiar*?

Ⓐ tedio

Ⓑ estudiante

Ⓒ estoico

Ⓓ estoy

NOMBRE: _____ **FECHA:** _____

El cielo nocturno

Las personas dicen que el cielo está oscuro de noche. Sin embargo, también hay muchas estrellas en el cielo nocturno. Estas estrellas titilan y producen mucha luz. ¡Hay mucho para observar en el cielo nocturno!

Las estrellas en el cielo han guiado a las personas durante siglos. Los seres humanos siempre han contemplado el cielo. Todos los seres humanos se han preguntado sobre la vida más allá de nuestro planeta. Las personas han usado las estrellas como una forma de mostrar las direcciones.

Con el tiempo, se han contado historias sobre los patrones de las estrellas. Estos patrones se llaman *constelaciones*. Existen ochenta y ocho constelaciones oficiales. Estas dividen el cielo nocturno. Cambian levemente de posición cada estación.

Muchas constelaciones reciben el nombre de antiguos mitos griegos. Los griegos fueron una de las primeras culturas en crear nombres para las estrellas. Creían que los patrones estelares eran creados por los dioses. Nombraban a estos patrones con nombres de animales y objetos. También nombraron doce patrones que conforman los signos de zodíaco.

Una estrella que se usa con frecuencia como guía se llama *Estrella Polar*. Algunos astrónomos la llamaron la estrella más brillante en el cielo. La Estrella Polar también se conoce como la Estrella del Norte. Nunca sale ni se pone. Las personas pueden encontrar la Estrella Polar con facilidad. Observan que pertenece a una constelación muy conocida. Está al final del grupo de la Osa Menor. La Osa Mayor y la Osa Menor son constelaciones fáciles de encontrar.

Una forma en que los astrónomos intentan conservar el cielo nocturno es la lucha contra la *contaminación lumínica*. Este no es un tipo de contaminación que la mayoría de la gente considere. Sin embargo, es muy importante para las personas a las que les gusta mirar las estrellas. La contaminación lumínica ocurre cuando hay demasiadas luces encendidas en un área. Las luces pueden provenir de casas o automóviles. Los negocios usan muchas luces también. Las luces dificultan que las personas vean los patrones en el cielo oscuro.

NOMBRE: _____ **FECHA:**_____

INSTRUCCIONES Lee "El cielo nocturno" y luego responde las preguntas.

1. ¿Qué resumen de este texto es más adecuado?

(A) Este texto se trata de alguien que espera una estrella fugaz.

(B) Este texto se trata sobre encontrar constelaciones en el cielo nocturno.

(C) Este texto se trata sobre vivir lejos de la ciudad donde puedes ver las estrellas con claridad.

(D) Este texto se trata sobre cómo la Osa Mayor tiene ese nombre.

2. ¿Cuál es el propósito del autor?

(A) Describir cada constelación

(B) Informar a los lectores sobre el cielo nocturno

(C) Compartir la mitología griega

(D) Comparar el cielo nocturno y el cielo diurno

3. ¿Qué enunciado tiene una conexión personal con el texto?

(A) Osa Mayor es el nombre de mi restaurante favorito.

(B) He leído algunos mitos antes.

(C) Mi papá y yo hemos usado un mapa celeste para observar las constelaciones.

(D) No me gusta la oscuridad.

4. ¿Cuáles dos temas se describen en el mismo párrafo?

(A) usar las estrellas como guía y escribir historias sobre el zodíaco

(B) la Estrella del Norte y la mitología griega

(C) la Estrella Polar y la contaminación lumínica

(D) la Osa Mayor y la Osa Menor

5. ¿Cuál es la idea principal?

(A) El cielo nocturno está lleno de imágenes creadas por las estrellas.

(B) Existen ochenta y ocho constelaciones.

(C) El zodíaco está en las estrellas.

(D) Las constelaciones son solo visibles con un telescopio.

6. ¿Por qué la contaminación lumínica es un problema?

(A) La contaminación lumínica ocurre cuando las luces brillan sobre la contaminación del aire.

(B) Debe ser de tono negro para poder ver las estrellas.

(C) Es difícil ver las constelaciones cuando hay muchas luces.

(D) Las personas que observan las estrellas a menudo dejan basura en el suelo.

1. (S)(N)

2. (S)(N)

3. (S)(N)

4. (S)(N)

5. (S)(N)

6. (S)(N)

___ / 6

Total

NOMBRE: _____ **FECHA:** _____

INSTRUCCIONES Vuelve a leer "El cielo nocturno". Luego, lee la instrucción y responde en las líneas a continuación.

Piensa en lo que sabes sobre el cielo nocturno o lo que has observado. ¿Qué conexiones personales puedes hacer con este texto?

_____

_____

_____

_____

_____

_____

_____

_____

_____

_____

_____

_____

_____

_____

_____

_____

_____

NOMBRE: _____ FECHA: _____

INSTRUCCIONES Lee el texto y luego responde las preguntas.

PUNTAJE

Era domingo por la noche, muy tarde. Las cosas estaban finalizando en la casa de los Lewis. La familia acababa de terminar una larga cena con sus familiares. Todos estaban cansados y listos para ir a la cama. Marco y Violeta estaban en pijama. Iban hacia sus habitaciones.

—¡No tan rápido! —gritó su mamá—. Se están olvidando de algo. Es muy importante.

—¡Tenemos que cepillarnos los dientes! —exclamó Marco.

1. Ⓢ Ⓝ

2. Ⓢ Ⓝ

3. Ⓢ Ⓝ

1. ¿Qué imagen describiría mejor este texto a un lector?

Ⓐ un reloj que muestra las 9:00

Ⓑ un menú

Ⓒ una línea del tiempo

Ⓓ una imagen de una familia preparándose para ir a la cama

2. ¿Qué palabra describe a los personajes principales al final del texto?

Ⓐ olvidadizos

Ⓑ atrasados

Ⓒ tristes

Ⓓ enojados

3. ¿Qué palabra tiene los mismos sonidos vocálicos que *iban*?

Ⓐ cima

Ⓑ habito

Ⓒ cena

Ⓓ listos

4. ¿Cuál es la definición de *familiares*?

Ⓐ amigos

Ⓑ miembros de la familia

Ⓒ vecinos

Ⓓ estudiantes

5. ¿Qué expresión equivale a *finalizando*?

Ⓐ ¡No tan rápido!

Ⓑ muy tarde

Ⓒ preparándose

Ⓓ terminando

4. Ⓢ Ⓝ

5. Ⓢ Ⓝ

___ / 5

Total

NOMBRE: _____ FECHA:_____

INSTRUCCIONES Lee el texto y luego responde las preguntas.

1. Ⓢ Ⓝ

2. Ⓢ Ⓝ

3. Ⓢ Ⓝ

4. Ⓢ Ⓝ

5. Ⓢ Ⓝ

___ / 5
Total

—¿Por qué sigo teniendo estos dolores de cabeza? —se preguntaba Dante. De modo que lo habló con su mamá y ella decidió que debían consultar a un médico. Después de unos análisis, tuvieron una respuesta.

—Creo que necesitas anteojos —dijo el médico. Dante se sintió mal porque no quería usar anteojos. Sabía que todos se le burlarían, incluso sus amigos. Era el peor día de su vida.

1. ¿Qué título va mejor con este texto?

Ⓐ Un terrible dolor de cabeza

Ⓑ Lentes nuevos

Ⓒ Dante y su mamá

Ⓓ Amigos malvados

2. ¿Cuál es un escenario?

Ⓐ el consultorio del médico

Ⓑ el consultorio de la enfermera de la escuela

Ⓒ el automóvil de la mamá de Dante

Ⓓ el autobús escolar

3. ¿Qué palabra tiene los mismos sonidos vocálicos que *siga*?

Ⓐ habló

Ⓑ vida

Ⓒ dijo

Ⓓ usar

4. ¿Cuál es un sinónimo de *burlarse*?

Ⓐ llevar

Ⓑ preguntarse

Ⓒ molestar

Ⓓ hablar

5. ¿Qué palabra describe el tono del texto?

Ⓐ informativo

Ⓑ triste

Ⓒ divertido

Ⓓ falso

NOMBRE: _____ FECHA: _____

PUNTAJE

INSTRUCCIONES Lee el texto y luego responde las preguntas.

Una madre y su hija fueron a una cita. Era un control en el consultorio del dentista. El dentista limpiaría y examinaría sus dientes y haría unas radiografías. La paciente estaba aterrada y no quería ir.

—De verdad, pero de verdad que detesto ir al dentista —dijo.

—Lo sé, mamá —respondió la joven—. A mí tampoco me gusta ir al dentista, pero todo terminará pronto.

1. Ⓢ Ⓝ

2. Ⓢ Ⓝ

3. Ⓢ Ⓝ

1. ¿De qué trata el texto?

Ⓐ Se trata de una niña que tiene una cita para jugar con una amiga.

Ⓑ Se trata de un dentista que es malo y aterrador.

Ⓒ Se trata de una madre y su hija que van a una cita.

Ⓓ Se trata de una clase que va a de paseo al dentista.

2. ¿Qué título describe mejor la idea principal de este texto?

Ⓐ Una cita

Ⓑ En el dentista

Ⓒ Ayudando a una mamá asustada

Ⓓ Control y radiografía

3. ¿Qué palabra es un sinónimo de *dentista*?

Ⓐ odontólogo

Ⓑ oftalmólogo

Ⓒ dietista

Ⓓ dermatólogo

4. Ⓢ Ⓝ

5. Ⓢ Ⓝ

___ / 5
Total

4. ¿Cuál es un antónimo de *aterrada*?

Ⓐ alegre

Ⓑ arriesgada

Ⓒ enojada

Ⓓ tranquila

5. ¿Cuándo te das cuenta de que la mamá es la paciente?

Ⓐ la primera oración

Ⓑ el primer párrafo

Ⓒ el último párrafo

Ⓓ ninguna de las opciones anteriores

NOMBRE: _____ FECHA: _____

Un nuevo tipo de sonrisa

Era un día que Clara había estado esperando por un tiempo. Sabía que tenía que ponerse aparatos en los dientes. Su dentista le había dado esa noticia en la última cita. Varios de sus dientes no estaban creciendo derechos, lo cual podía causar problemas con sus otros dientes a medida que creciera. La mejor solución era poner aparatos. Los tendría en los dientes por cerca de dos años.

En ese momento, Clara se sintió muy triste porque iba a tener aparatos en los dientes por dos años. Pensó en toda la comida que no podría comer. Pensó en que tendría una sonrisa nueva y diferente. No estaba feliz por este cambio. No quería tener algo que la destacara entre los demás.

Clara también estaba preocupada porque los aparatos le causaran dolor. Su dentista decía que se sentiría bien. Podría tardar un poco en acostumbrarse, pero no le dolería. Eso hizo que Clara se sintiera mejor, pero aún estaba nerviosa.

Al fin llegó el gran día y Clara emprendió el camino hacia el consultorio del ortodoncista. Se sentó quieta durante todo el procedimiento. Miró un programa en el televisor que tenía por encima de la cabeza. Intentó pensar en otra cosa para no asustarse. Parecía que el ortodoncista no terminaría nunca pero, finalmente, le dijo que se sentara y se mirara en el espejo.

Clara se sorprendió al principio. Su sonrisa era nueva y tenía mucho metal para mirar. No sabía cómo podría esperar dos años para que le quitaran esas cosas, pero no tenía otra opción. La mamá de Clara la llevó a comprar helado para alegrarla. Solo debía acostumbrarse al cambio. Todo valdría la pena porque tendría una hermosa sonrisa que disfrutaría después durante muchos años.

NOMBRE: _____ **FECHA:** _____

INSTRUCCIONES Lee "Un nuevo tipo de sonrisa" y luego responde las preguntas.

1. ¿Qué predicción según el título y la imagen es más adecuada?

(A) Se trata de una niña que no tiene dientes.

(B) Se trata de una persona que no sabe cómo sonreír.

(C) Se trata de una niña que necesita aparatos.

(D) Se trata de una persona que nunca ha perdido un diente.

2. El autor estaría probablemente de acuerdo con que

(A) los aparatos hacen que seas popular.

(B) los aparatos son temporales y vale la pena usarlos.

(C) los ortodoncistas son mejores que los dentistas.

(D) no vale la pena usar aparatos.

3. ¿Qué enunciado tiene una conexión personal con el texto?

(A) Mi papá dice bromas también.

(B) Me pusieron aparatos y me llevó un tiempo acostumbrarme a ellos también.

(C) No me gusta el helado.

(D) La cita para cortarme el cabello es mañana.

4. ¿Cómo cambió Clara?

(A) Estaba enojada con su mamá, pero luego la perdonó.

(B) Tenía miedo del dentista, pero fue valiente.

(C) Se negaba a cepillarse los dientes, pero luego cambió de opinión.

(D) Temía que le pusieran aparatos, pero luego se dio cuenta de que estos la ayudarían a tener una sonrisa hermosa.

5. ¿Qué mensaje comparte este texto sobre hacer un cambio?

(A) Los padres no pueden evitar que te preocupes.

(B) Todos deben recompensarse con helado.

(C) Ir al dentista para algo nuevo es aterrador.

(D) Puede llevar tiempo acostumbrarse a algo nuevo, pero al final estará todo bien.

6. ¿Qué título indica un texto similar?

(A) Mis anteojos nuevos

(B) Ir a la escuela

(C) Una fiesta accidentada

(D) Un momento divertido

1. (S)(N)

2. (S)(N)

3. (S)(N)

4. (S)(N)

5. (S)(N)

6. (S)(N)

___ / 6
Total

NOMBRE: _____ FECHA:_____

PUNTAJE

___ / 4

INSTRUCCIONES Vuelve a leer "Un nuevo tipo de sonrisa". Luego, lee la instrucción y responde en las líneas a continuación.

Los aparatos son un gran cambio para cualquiera. Clara estaba preocupada porque fuera difícil convivir por un tiempo con este cambio. Escribe sobre un momento en el que hayas estado preocupado por un cambio en tu vida.

_____

_____

_____

_____

_____

_____

_____

_____

_____

_____

_____

_____

_____

_____

NOMBRE: _____ FECHA: _____

INSTRUCCIONES Lee el texto y luego responde las preguntas.

John Glenn es un famoso astronauta. Fue el primero en orbitar la Tierra. Orbitó nuestro planeta tres veces. Le llevó unas cinco horas. Glenn no se detuvo después de sus viajes espaciales. Continuó sirviendo a su país. Fue senador por casi cinco años. Glenn también se convirtió en la persona de mayor edad en viajar al espacio. Fue cuando tenía setenta y siete años. John Glenn es un héroe estadounidense.

1. ¿Qué pregunta sobre el texto ayudaría a los lectores a hacer una lectura rápida?

Ⓐ ¿Dónde está el país?

Ⓑ ¿Cómo viajan las personas?

Ⓒ ¿Cuántas veces corrimos en el patio?

Ⓓ ¿Quién es John Glenn?

2. ¿Qué título va mejor con este texto?

Ⓐ En el espacio

Ⓑ Viaje espacial

Ⓒ John Glenn, un héroe estadounidense

Ⓓ Planetas en órbita

3. ¿Qué palabra tiene los mismos sonidos vocálicos que *país*?

Ⓐ cinco

Ⓑ llevó

Ⓒ edad

Ⓓ casi

4. ¿Cuál es la definición de *servir* según se usa en este texto?

Ⓐ suministrar

Ⓑ trabajar para

Ⓒ espera

Ⓓ dar alimento

5. ¿Qué palabra describe el tono del texto?

Ⓐ objetivo

Ⓑ advertencia

Ⓒ divertido

Ⓓ persuasivo

PUNTAJE

1. Ⓢ Ⓝ

2. Ⓢ Ⓝ

3. Ⓢ Ⓝ

4. Ⓢ Ⓝ

5. Ⓢ Ⓝ

___ / 5

Total

NOMBRE: _____ FECHA: _____

PUNTAJE

INSTRUCCIONES Lee el texto y luego responde las preguntas.

1. Ⓢ Ⓝ

2. Ⓢ Ⓝ

    Viajar al espacio es maravilloso. Las personas apoyan las misiones al espacio. Ven a los astronautas como héroes. Sin embargo, algunas misiones no han tenido éxito. Algunas han terminado en tragedias. Ha habido accidentes. Los astronautas han resultado heridos. Algunos incluso han muerto. Estas son pérdidas enormes. El mundo entero siente tristeza cuando una tripulación espacial no vuelve a casa.

3. Ⓢ Ⓝ

1. ¿Qué indica la primera oración sobre este texto?

  Ⓐ Se trata de viajes espaciales.

4. Ⓢ Ⓝ

  Ⓑ Se trata de cosas maravillosas.

5. Ⓢ Ⓝ

  Ⓒ Se trata de países.

  Ⓓ Se trata de accidentes.

___/5
Total

2. ¿Qué título de capítulo ayudaría a un lector a ubicar esta información en un índice?

  Ⓐ Pérdidas enormes

  Ⓑ Tiempos trágicos

  Ⓒ Viaje espacial riesgoso

  Ⓓ Seguir una misión

3. ¿Cuáles dos palabras del texto tienen los mismos sonidos vocálicos?

  Ⓐ *dicho* y *habido*

  Ⓑ *murieron* y *heridos*

  Ⓒ *tenido* y *heridos*

  Ⓓ *cuando* y *vuelve*

4. ¿Cuál es un sinónimo de *tragedias*?

  Ⓐ misiones

  Ⓑ desastres

  Ⓒ viajes

  Ⓓ momentos

5. ¿Qué otro tipo de texto es más similar a este?

  Ⓐ un libro de matemáticas

  Ⓑ una historia sobre aviones

  Ⓒ una carta

  Ⓓ un libro de historia

NOMBRE: _____ FECHA:_____

INSTRUCCIONES Lee el texto y luego responde las preguntas.

Se ha transcurrido un largo camino con los viajes espaciales. Sin embargo, existen muchos lugares que aún es imposible explorar. Estos lugares son demasiado calientes o demasiado fríos. Otros planetas están demasiado cerca o demasiado lejos del Sol. Tienen condiciones que no permiten que el ser humano pueda sobrevivir. Más bien, se envían robots para explorar algunas de estas áreas. Quizás llegue el día en que los seres humanos puedan aterrizar en otros planetas.

1. Ⓢ Ⓝ

2. Ⓢ Ⓝ

3. Ⓢ Ⓝ

4. Ⓢ Ⓝ

5. Ⓢ Ⓝ

1. ¿Qué tipo de imagen describiría mejor este texto a un lector?

Ⓐ un bosquejo del Sol

Ⓑ una imagen de la puesta del sol

Ⓒ una fotografía de un astronauta

Ⓓ una fotografía de un robot en una misión espacial

2. ¿Qué entrada de índice ayudaría a un lector a ubicar esta información en un libro?

Ⓐ lunas

Ⓑ robots en el espacio

Ⓒ habilidades para sobrevivir

Ⓓ todas las opciones anteriores

3. ¿Qué palabra forma una nueva palabra si se le agrega el prefijo *re–*?

Ⓐ enviar

Ⓑ áreas

Ⓒ día

Ⓓ cuando

4. ¿Qué palabra tiene la misma raíz que *imposible*?

Ⓐ pose

Ⓑ posibilidad

Ⓒ posar

Ⓓ importante

5. ¿Qué palabra describe el tono del texto?

Ⓐ inspirador

Ⓑ advertencia

Ⓒ triste

Ⓓ informativo

___ / 5
Total

NOMBRE: _____ **FECHA:** _____

¡A la Luna y más allá!

El espacio es un mundo infinito para que lo exploren las personas. Los seres humanos han aprendido mucho en las últimas décadas. Nunca se sabrá todo lo que hay que conocer sobre el espacio. Aún nos queda más por aprender.

La primera exploración del hombre al espacio comenzó en 1957. Un satélite fue enviado al espacio. Orbitó la Tierra. Permaneció allí por tres meses. El siguiente plan para los humanos era ir más lejos. Primero, se enviaron algunos animales para ver qué ocurriría. Los científicos pudieron observar los efectos del espacio en los seres vivos.

La NASA se constituyó en 1958. NASA es la sigla en inglés para Administración Nacional de Aeronáutica y del Espacio. La NASA organiza formas de viajar y estudiar el espacio. También entrena a los astronautas. Al principio, los astronautas viajaron a orbitar la Tierra. Querían hacer un viaje más largo en el espacio. La NASA por fin estaba lista. La misión se llamó *Proyecto Apollo*. Esta llevaría un hombre a la Luna. ¡Y finalmente sucedió! La fecha fue el 20 de julio de 1969. Los astronautas se posaron en la Luna. Caminaron sobre ella por primera vez. Neil Armstrong fue el primero en pisar la Luna y dijo algo que cobró fama. Sus palabras fueron: "Un pequeño paso para el hombre, un gran salto para la humanidad".

La NASA realizó cambios en su programa espacial. Comenzó a construir naves espaciales. Podían usarse una y otra vez. Esta era tecnología nueva para los viajes espaciales. Se han realizado muchos viajes en las naves. Cada expedición nos enseña más sobre el mundo más allá del cielo.

En la actualidad, uno de los principales enfoques de la NASA es la Estación Espacial Internacional. Es casi como una ciudad en el espacio. Hay gente allí de muchos países. Todos intentan estudiar el espacio. Quieren aprender sobre la vida allá. Quizás los humanos permanezcan en el espacio por largos períodos. ¿Quién sabe qué depara el futuro? ¡El cielo no es el límite para los viajes espaciales!

Lanzamiento de la nave espacial Atlantis

NOMBRE: _____ **FECHA:** _____

INSTRUCCIONES Lee "¡A la Luna y más allá!" y luego responde las preguntas.

1. ¿Cuál es el propósito de leer este texto?

Ⓐ entretenerse

Ⓑ persuadir para convertirse en un astronauta

Ⓒ aprender sobre la vida de Neil Armstrong

Ⓓ aprender sobre viajes espaciales

2. ¿Con qué enunciado estaría probablemente de acuerdo el autor?

Ⓐ Los viajes espaciales son peligrosos.

Ⓑ Los viajes espaciales tienen un futuro emocionante.

Ⓒ Los viajes espaciales quedaron en el pasado.

Ⓓ Los viajes espaciales son muy caros.

3. ¿Quién podría relacionarse fácilmente con este texto?

Ⓐ un niño al que le gusta hamacarse alto en el patio

Ⓑ una persona a la que le gusta manejar su automóvil

Ⓒ una niña que ama su telescopio y observa las estrellas

Ⓓ una maestra que está enseñando una unidad sobre contaminación del aire

4. ¿Cómo está organizado este texto?

Ⓐ como una comparación de los viajes espaciales y los viajes aéreos

Ⓑ como una historia cronológica de los viajes espaciales

Ⓒ como una lista de pasos sobre cómo convertirse en astronauta

Ⓓ como una historia cronológica de cómo se formó el universo

5. ¿Cuál es el punto principal de este texto?

Ⓐ Los viajes espaciales solo van a la estación espacial.

Ⓑ Los viajes espaciales nos permiten explorar mundos desconocidos.

Ⓒ Los viajes espaciales se tratan de ir a la Luna.

Ⓓ Los viajes espaciales terminarán cuando las personas vivan en el espacio.

6. ¿Qué ocurrirá en el futuro con los viajes espaciales?

Ⓐ Todos viviremos en el espacio.

Ⓑ Nadie sabe realmente.

Ⓒ Descubriremos vida alienígena en algún lugar.

Ⓓ Descubriremos otras formas de vida en otro universo.

1. Ⓢ Ⓝ

2. Ⓢ Ⓝ

3. Ⓢ Ⓝ

4. Ⓢ Ⓝ

5. Ⓢ Ⓝ

6. Ⓢ Ⓝ

___ / 6
Total

NOMBRE: _____ **FECHA:** _____

PUNTAJE

___ / 4

INSTRUCCIONES Vuelve a leer "¡A la Luna y más allá!". Luego, lee la instrucción y responde en las líneas a continuación.

Los viajes espaciales han sido un maravilloso avance para la humanidad. ¿Te gustaría viajar alguna vez al espacio? Explica tu razonamiento.

_____

_____

_____

_____

_____

_____

_____

_____

_____

_____

_____

_____

_____

_____

_____

_____

NOMBRE: _____ **FECHA:** _____

INSTRUCCIONES Lee el texto y luego responde las preguntas.

Jackson se preguntaba cómo sería la vida de gira con una banda. Su tío es ingeniero de sonido y viaja con una banda de rock popular. Lo llaman *encargado*, que es la forma corta de encargado del transporte y montaje del equipo técnico. Es alguien que viaja y trabaja con la banda, para asegurarse de que ellos suenen fabuloso durante los concierto. ¡Qué trabajo más interesante!

1. Ⓢ Ⓝ

2. Ⓢ Ⓝ

3. Ⓢ Ⓝ

1. ¿Qué título brindaría a un lector más información sobre este texto?

Ⓐ Rock and Roll

Ⓑ La vida de un encargado

Ⓒ Trabajos fabulosos

Ⓓ Un sonido genial

3. ¿Qué palabra tiene el mismo diptongo que *ingeniero*?

Ⓐ viaja

Ⓑ concierto

Ⓒ suenan

Ⓓ interesante

4. Ⓢ Ⓝ

5. Ⓢ Ⓝ

2. ¿Cuál es el conflicto del texto?

Ⓐ Jackson quiere viajar con su tío, pero debe ir a la escuela.

Ⓑ El tío de Jackson quiere un trabajo nuevo, pero no puede hallar el coraje para renunciar.

Ⓒ Jackson quiere tocar en una banda, pero no sabe tocar ningún instrumento.

Ⓓ No hay conflicto.

4. ¿Qué definición de la palabra *corta* se usa en este texto?

Ⓐ ruda

Ⓑ no larga

Ⓒ no alta

Ⓓ abreviada

5. ¿De qué profesión es *encargado* la forma corta?

Ⓐ trabajador en carretera

Ⓑ ingeniero

Ⓒ encargado del transporte y montaje del equipo técnico

Ⓓ viajero

_____ / 5
Total

NOMBRE: _____ FECHA:_____

PUNTAJE

INSTRUCCIONES Lee el texto y luego responde las preguntas.

1. Ⓢ Ⓝ

2. Ⓢ Ⓝ

El locutor de la radio termina cansado después de trabajar en el turno nocturno. La mayoría de las personas están en casa y en la cama. Sin embargo, no todos duermen. El locutor pone música para cualquiera que esté despierto y escuche. Le gusta poner música para equilibrar la calma de la noche.

3. Ⓢ Ⓝ

1. ¿Qué resumen de este texto es adecuado?

Ⓐ Se trata de personas que duermen de noche.

4. Ⓢ Ⓝ

Ⓑ Se trata de un locutor que trabaja de noche.

5. Ⓢ Ⓝ

Ⓒ Se trata sobre poner la música tranquila por la noche.

Ⓓ Se trata sobre visitar un cementerio.

___ / 5
Total

2. El personaje principal trabaja en

Ⓐ un cementerio.

Ⓑ una estación de radio.

Ⓒ una tienda de música.

Ⓓ una pista de carrera.

3. ¿Qué palabra tiene la misma raíz que *escuchando*?

Ⓐ escuela

Ⓑ ando

Ⓒ escudo

Ⓓ escuchar

4. ¿Qué significa trabajar un *turno nocturno*?

Ⓐ trabajar toda la noche

Ⓑ trabajar todo el día

Ⓒ no trabajar

Ⓓ trabajar en la oscuridad

5. ¿Qué significa la palabra *equilibrar* en el texto?

Ⓐ usar una báscula

Ⓑ hacer que una cosa no exceda a otra

Ⓒ sumar

Ⓓ pesar

NOMBRE: _____ **FECHA:** _____

INSTRUCCIONES Lee el texto y luego responde las preguntas.

Franco estaba enojado con su padre. Su papá le dijo que cortara el pasto antes de irse a nadar con sus amigos, pero Franco no quería hacerlo. Estaba resentido porque su padre siempre le decía qué hacer. Franco se preguntaba cuándo tomaría sus propias decisiones. Estaba cansado de tener que responder ante su padre todo el tiempo.

1. ¿Qué imagen describiría mejor este texto a un lector?

- (A) una imagen de un niño enojado
- (B) una imagen de una piscina
- (C) una imagen de dos padres felices
- (D) una imagen de una cortadora de pasto

2. ¿Qué palabra describe mejor al personaje principal?

- (A) triste
- (B) ridículo
- (C) frustrado
- (D) tranquilo

3. ¿Cuántas sílabas tiene la palabra *resentir*?

- (A) una sílaba
- (B) dos sílabas
- (C) tres sílabas
- (D) cuatro sílabas

4. ¿Qué palabra es sinónimo de *cansado* según se usa en este texto?

- (A) exhausto
- (B) harto
- (C) desgastado
- (D) sobreutilizado

5. ¿Cuál de los siguientes símiles corresponde a Franco?

- (A) tan enojado como una enjambre de abejas
- (B) tan alto como un árbol
- (C) se movía como un oso
- (D) sonó como un suspiro

1. (S)(N)

2. (S)(N)

3. (S)(N)

4. (S)(N)

5. (S)(N)

___ / 5
Total

NOMBRE: _____ FECHA:_____

Entradas para el concierto

Maddy no podía creer que Jared Baxter venía a su ciudad. Iba a dar un concierto en el estadio grande del centro de la ciudad y ella tenía muchas ganas de ir. Maddy no creía que hubiera alguien más fanático de Jared Baxter que ella, y nunca lo había visto tocar en vivo. Esta era su segunda gira mundial, pero ella era muy pequeña para haber ido al espectáculo anterior. Ahora se sabía todas las canciones y veía todos los videos, todo el tiempo, así que simplemente tenía que ir al espectáculo.

Sabía que lograr que sus padres dijeran que sí no sería una tarea fácil. El concierto era en una noche escolar, y uno de ellos debería ir con ella. Además, realmente quería llevar a Lily y a Dana con ellos, por lo que debía conseguir tres entradas para que sus padres dijeran que sí.

—¿Mamá? ¿Papá? Necesito pedirles algo. De verdad quiero ir al concierto de Jared Baxter —comenzó diciendo Maddy—. He ahorrado mi mesada para poder comprarme la entrada. Y sé que Lily y Dana también pueden comprarse sus entradas. Sé que nunca he ido a un concierto, pero esto es muy importante para mí.

Maddy mantuvo la calma porque quería demostrar a sus padres que hablaba en serio.

—Es en una noche escolar —respondió su mamá—. Eso hará que sea una semana difícil. ¿Tendrás tiempo para la tarea y la práctica de piano?

—¡Prometo hacer ambas cosas! ¿Puedo comprar las entradas, por favor? —rogó Maddy.

—Bueno, con tal de que Lily y Dana puedan ir. Que sus madres me llamen —explicó la mamá de Maddy—. Y luego iremos.

El grito de Maddy lo pudieron escuchar todos los vecinos. Estaba tan entusiasmada. Ahora su mayor problema sería esperar que llegue el día del evento.

NOMBRE: _____ FECHA: _____

PUNTAJE

INSTRUCCIONES Lee "Entradas para el concierto" y luego responde las preguntas.

1. ¿Qué resumen del texto es el más preciso?

(A) Una banda vende entradas para juntar dinero para una causa importante.

(B) Una persona joven quiere entradas para un concierto.

(C) Una escuela vende entradas para un concierto.

(D) Un personaje está preocupado por tener el dinero para las entradas.

2. ¿Cuál es el propósito del autor?

(A) compartir la música de Jared Baxter

(B) entretener con una historia sobre poder ir a un concierto

(C) enseñar sobre el aumento en los precios de las entradas a un concierto

(D) hacer que los lectores resuelvan problemas de matemáticas sobre el dinero

3. ¿Cuál tiene una conexión personal con el texto?

(A) Fui al cine con mis padres anoche.

(B) Mis amigos están en una banda.

(C) No me gustan los conciertos.

(D) Les rogué a mis padres que me dejaran hacer una fiesta de pijamas y dijeron que sí.

4. ¿Qué palabra describe los sentimientos de Maddy al final del texto?

(A) emocionada

(B) frustrada

(C) enojada

(D) asustada

5. ¿Qué pueden aprender los lectores de las acciones de Maddy?

(A) Demostrar a tus padres que eres responsable y maduro puede ayudarte a obtener lo que quieres.

(B) Ir a un concierto solo no es divertido.

(C) Los padres no recuerdan lo que es ser niño.

(D) Demostrar a tus padres cuán emocionado estás puede ser un mal plan.

6. ¿Qué otro tipo de texto es similar a este texto?

(A) un poema sobre los padres y sus hijos

(B) un periódico que publicita entradas a la venta para un concierto

(C) una historia de ficción sobre un niño que quiere ir a esquiar y les pide permiso a sus padres

(D) un artículo de revista sobre Jared Baxter

1. Ⓢ Ⓝ

2. Ⓢ Ⓝ

3. Ⓢ Ⓝ

4. Ⓢ Ⓝ

5. Ⓢ Ⓝ

6. Ⓢ Ⓝ

___ / 6
Total

PUNTAJE

___ / 4

NOMBRE: _____ **FECHA:** _____

INSTRUCCIONES Vuelve a leer "Entradas para el concierto". Luego, lee la instrucción y responde en las líneas a continuación.

Piensa en una vez en que le pediste a un familiar algo que era importante para ti. ¿Cómo hiciste la pregunta importante y cuál fue la respuesta?

_____

_____

_____

_____

_____

_____

_____

_____

_____

_____

_____

_____

_____

_____

_____

NOMBRE: _____ **FECHA:** _____

Lee el texto y luego responde las preguntas.

PUNTAJE

La superficie de la Tierra está en constante cambio. El cambio ocurre rápidamente. Un alud por ejemplo. La tierra se mueve y la superficie se desplaza por una pendiente. La superficie cambia en un instante. A veces, el cambio ocurre mucho más lentamente. La *erosión* es un proceso lento. Las rocas o el suelo se desgastan gradualmente. Esto es ocasionado por el agua, el viento o el hielo. Cambia la superficie.

1. Ⓢ Ⓝ

2. Ⓢ Ⓝ

3. Ⓢ Ⓝ

4. Ⓢ Ⓝ

5. Ⓢ Ⓝ

1. ¿De qué trata el texto?

Ⓐ Este texto se trata de cómo la tierra se mueve y cambia.

Ⓑ Este texto se trata de los volcanes.

Ⓒ Este texto se trata de las temperaturas cambiantes de la Tierra.

Ⓓ Este texto se trata de los océanos.

2. ¿Qué título va mejor con este texto?

Ⓐ Erosión

Ⓑ Cambios en la Tierra: Rápidos y lentos

Ⓒ Desgaste

Ⓓ Cambios rápidos

3. ¿Qué palabra tiene la misma raíz que *rápidamente*?

Ⓐ rapar

Ⓑ dame

Ⓒ rápido

Ⓓ rapaz

4. ¿Cuál es un sinónimo de *gradualmente*?

Ⓐ rápidamente

Ⓑ lentamente

Ⓒ misteriosamente

Ⓓ increíblemente

5. ¿Qué significa la expresión *en un instante*?

Ⓐ rápidamente

Ⓑ en una hora

Ⓒ en un minuto

Ⓓ lo suficientemente pronto

___ / 5

Total

NOMBRE: _____ FECHA: _____

PUNTAJE

1. (S)(N)

2. (S)(N)

3. (S)(N)

4. (S)(N)

5. (S)(N)

___ / 5
Total

INSTRUCCIONES Lee el texto y luego responde las preguntas.

Un cañón es un tipo de accidente geográfico. El Gran Cañón es muy famoso. Está en Arizona. Se formó debido a un río. El río Colorado atraviesa el cañón. Es el hogar de muchas plantas y animales. La diversidad del hábitat es única. El cañón tiene una belleza natural sorprendente. Las personas disfrutan de la vista. Vale la pena la visita. Personas de todo el mundo llegan para ver el Gran Cañón.

1. ¿Qué título va mejor con este texto?

(A) El Gran Cañón

(B) Muchos visitantes

(C) Sitios de Arizona

(D) Sorprendentes hábitats

2. ¿Dónde está ubicado el Gran Cañón?

(A) en Colorado

(B) en un río

(C) en un cañón

(D) en Arizona

3. ¿Qué palabra tiene la misma raíz que *sorprendente*?

(A) soprano

(B) sorprendido

(C) supremo

(D) prender

4. ¿Cuál es un antónimo de *único*?

(A) común

(B) raro

(C) hermoso

(D) activo

5. ¿Qué palabra del texto indica al lector que no existe algo igual al Gran Cañón?

(A) accidente geográfico

(B) único

(C) belleza

(D) vista

 126831—180 Days of Reading—Spanish

NOMBRE: _____ **FECHA:** _____

INSTRUCCIONES Lee el texto y luego responde las preguntas.

Hay lagos de todas las formas y tamaños. También difieren en el tipo de agua que contienen. Algunos lagos son de agua dulce y otros son *salobrales*. Esto significa que están llenos de agua salada. Un lago grande de agua salada también se llama mar. El Mar Muerto es un famoso cuerpo de agua. Recibe ese nombre porque los animales no pueden vivir en agua con tanto contenido de sal.

1. Ⓢ Ⓝ

2. Ⓢ Ⓝ

3. Ⓢ Ⓝ

1. ¿Cuál es el mejor resumen del texto?

Ⓐ Este texto se trata de diferentes tipos de lagos.

Ⓑ Este texto se trata del agua salada.

Ⓒ Este texto se trata de los mares.

Ⓓ Este texto se trata de la sal.

2. ¿Qué título va mejor con este texto?

Ⓐ Lagos de agua salada

Ⓑ Tipos de lagos

Ⓒ Sal en el agua

Ⓓ Lagos de agua dulce

3. ¿Qué palabra del texto puede formar una nueva palabra con el prefijo *re–*?

Ⓐ tipo

Ⓑ mar

Ⓒ agua

Ⓓ llenas

4. Ⓢ Ⓝ

5. Ⓢ Ⓝ

___ / 5

Total

4. ¿Cuáles de estas palabras significan lo mismo?

Ⓐ *llenas* y *nombre*

Ⓑ *vivir* y *cuerpo*

Ⓒ *grande* y *agua*

Ⓓ *agua salada* y *salobral*

5. ¿Qué significa *hay de todas las formas y tamaños*?

Ⓐ que algo es realmente grande

Ⓑ que algo necesita ser medido

Ⓒ que algo es de definir

Ⓓ que algo tiene diferentes tipos

NOMBRE: _____ **FECHA:** _____

Hechos sobre los accidentes geográficos

Un *accidente geográfico* es una formación natural de rocas y tierra que se encuentra en la Tierra. Hay accidentes geográficos de todas las formas y tamaños. Incluyen cadenas enteras de montañas y pequeñas colinas. Un accidente geográfico puede ser tan grande como un continente o tan pequeño como un estanque. Se crean por algún tipo de fuerza de la naturaleza. Esta fuerza puede ser el viento, el agua o el hielo.

Muchos accidentes geográficos reciben su forma por el agua. Los valles y cañones son accidentes geográficos similares. ¿En qué se diferencian? Los cañones son más estrechos y están rodeados por laterales más empinados. Los valles están situados entre colinas o montañas. Un *delta* es otro accidente geográfico creado por el agua. Los deltas pueden encontrarse en la boca de los ríos. Tienen forma triangular. Se crean cuando se acumulan arena, limo y roca.

Las montañas son generalmente parte de una cadena.

Las colinas y montañas también son accidentes geográficos. Una colina es tierra elevada y empinada. Una montaña es más alta, con un pico definido. Las *mesas* son parte de este grupo también. Son conocidas por tener forma de mesa. Son elevadas como las montañas, pero con la parte superior plana y los laterales empinados. Las mesetas se forman por la erosión y el desgaste.

Lo opuesto a estas formas elevadas son las llanuras. Las llanuras son accidentes geográficos que son planos y anchos. Las llanuras tienen poca elevación.

Los accidentes geográficos nos ayudan a describir los terrenos de manera más precisa. ¿Qué accidentes geográficos hay cerca de donde vives?

NOMBRE: _____ **FECHA:** _____

INSTRUCCIONES Lee "Hechos sobre los accidentes geográficos" y luego responde las preguntas.

1. ¿Qué resumen del texto es más adecuado?

Ⓐ Indica dónde se formaron los accidentes geográficos.

Ⓑ Incluye hechos sobre los accidentes geográficos.

Ⓒ Describe los accidentes geográficos más famosos.

Ⓓ Describe accidentes geográficos de todo el mundo.

2. ¿Cuál es el propósito de leer este texto?

Ⓐ comparar dos cosas similares

Ⓑ dejarse persuadir para aceptar un punto de vista

Ⓒ entretenerse

Ⓓ aprender nuevos hechos e información

3. ¿Quién probablemente tenga conocimientos previos relacionados con este texto?

Ⓐ un científico que estudia el tiempo

Ⓑ una persona que vive en una colina

Ⓒ una persona que ha visitado diferentes tipos de accidentes geográficos

Ⓓ una persona que disfruta de esquiar

4. ¿Qué enunciado describe adecuadamente cómo está organizado el texto?

Ⓐ La historia de los accidentes geográficos se describe en orden cronológico.

Ⓑ Se describe en orden secuencial cómo se forman los accidentes geográficos.

Ⓒ Se explican y comparan tipos similares de accidentes geográficos.

Ⓓ El texto no tiene organización alguna.

5. ¿Cuál es la idea principal?

Ⓐ Los accidentes geográficos son únicos e interesantes.

Ⓑ Los accidentes geográficos son hechos por el hielo.

Ⓒ Los accidentes geográficos incluyen agua.

Ⓓ Los accidentes geográficos están en elevaciones bajas.

6. ¿Qué accidente geográfico **no** se analiza en este texto?

Ⓐ deltas

Ⓑ glaciares

Ⓒ montañas

Ⓓ llanuras

1. Ⓢ Ⓝ

2. Ⓢ Ⓝ

3. Ⓢ Ⓝ

4. Ⓢ Ⓝ

5. Ⓢ Ⓝ

6. Ⓢ Ⓝ

___ / 6
Total

NOMBRE: _____ FECHA:_____

PUNTAJE

____ / 4

INSTRUCCIONES

Vuelve a leer "Hechos sobre los accidentes geográficos". Luego, lee la instrucción y responde en las líneas a continuación.

Revisa los accidentes geográficos que se mencionan en el texto. ¿Qué accidentes geográficos son más conocidos para ti? ¿Qué accidentes geográficos te gustaría visitar?

_____

_____

_____

_____

_____

_____

_____

_____

_____

_____

_____

_____

_____

_____

_____

_____

_____

NOMBRE: _____ **FECHA:** _____

INSTRUCCIONES Lee el texto y luego responde las preguntas.

PUNTAJE

Salí de casa con prisa y corrí para tomar mi bicicleta, cuando mi mamá me llamó. "No tan rápido, Jesi —gritó—. No olvides tu casco". Yo solamente iba a buscar a mi amigo cuesta arriba en esa misma calle, pero supongo que no importa cuán lejos vaya. Tengo que usar el casco de todos modos porque me mantiene a salvo. Hasta hay una ley en mi ciudad que exige que los niños usen cascos para bicicletas.

1. Ⓢ Ⓝ

2. Ⓢ Ⓝ

3. Ⓢ Ⓝ

1. ¿Qué frase describiría mejor el texto a un lector antes de leerlo?

- Ⓐ una ley en mi ciudad
- Ⓑ usar un casco de todos modos
- Ⓒ mi mamá me llamó
- Ⓓ cuesta arriba en esa misma calle

2. ¿Quién es el narrador?

- Ⓐ un amigo de Jesi
- Ⓑ la mamá de Jesi
- Ⓒ Jesi
- Ⓓ el papá de Jesi

3. ¿Qué palabra del texto tiene el mismo diptongo que *luego*?

- Ⓐ mantiene
- Ⓑ cuán
- Ⓒ cuesta
- Ⓓ ciudad

4. ¿Cuál es un sinónimo de *exige*?

- Ⓐ espera
- Ⓑ ordena
- Ⓒ desea
- Ⓓ toma

4. Ⓢ Ⓝ

5. Ⓢ Ⓝ

5. ¿Qué frase muestra cómo se siente Jesi sobre usar un casco?

- Ⓐ tengo que usar un casco de todos modos
- Ⓑ agarrar mi bicicleta
- Ⓒ iba cuesta arriba
- Ⓓ exige que los niños usen cascos para bicicletas

___ / 5

Total

NOMBRE: _____ FECHA:_____

INSTRUCCIONES Lee el texto y luego responde las preguntas.

1. Ⓢ Ⓝ

2. Ⓢ Ⓝ

Luis quería andar en bicicleta por el vecindario. Su papá le dijo que fuera con Marco, su hermano menor. El problema era que Marco aún andaba en bicicleta con rueditas de entrenamiento. Iba a retrasar a Luis, y Luis no quería eso. Quería ir tan rápido como pudiera. Intentó cambiar el plan, pero su papá insistió, por lo que Luis no tuvo opción. No lograría andar en bicicleta como quería.

3. Ⓢ Ⓝ

4. Ⓢ Ⓝ

1. ¿Qué título va mejor con este texto?

Ⓐ Retrasado por un hermano

5. Ⓢ Ⓝ

Ⓑ Un paseo en bicicleta

Ⓒ Por el vecindario

Ⓓ Luis y Marco

___ / 5
Total

2. ¿Qué palabra describe mejor al personaje principal al final del texto?

Ⓐ decepcionado

Ⓑ emocionado

Ⓒ felices

Ⓓ cansado

3. ¿Qué palabra tiene los mismos sonidos vocálicos que *andar*?

Ⓐ ando

Ⓑ charlar

Ⓒ menor

Ⓓ opción

4. ¿Cuál es un sinónimo de *opción*?

Ⓐ trabajar

Ⓑ pelotas

Ⓒ elección

Ⓓ dirección

5. ¿Qué le indica al lector el tono del texto sobre cómo termina?

Ⓐ Luis está entusiasmado por que las cosas hayan cambiado.

Ⓑ Luis debe aceptar el nuevo plan, aunque no quiera hacerlo.

Ⓒ Marco se siente mal por retrasar a su hermano.

Ⓓ El padre de Luis está frustrado por ambos niños.

NOMBRE: _____ **FECHA:** _____

INSTRUCCIONES Lee el texto y luego responde las preguntas.

PUNTAJE

Las niñas iban de su casa a la escuela en sus bicicletas. Era una nueva experiencia para ellas. Comenzaban a andar solas sin un adulto. Estaban siendo muy responsables. De repente, una de las bicicletas tuvo un problema. Se pinchó una rueda y las niñas aún estaban a una milla de su casa. ¿Qué debían hacer? Mantuvieron la calma y decidieron caminar con sus bicicletas al lado hasta la casa juntas y arreglar la rueda pinchada en su casa.

1. Ⓢ Ⓝ

2. Ⓢ Ⓝ

3. Ⓢ Ⓝ

1. ¿Qué resume mejor este texto?

Ⓐ Se trata de niñas que son responsables y resuelven un problema.

Ⓑ Se trata de cómo cambiar la rueda de una bicicleta.

Ⓒ Se trata de unas niñas que se pierden.

Ⓓ Se trata de unas niñas que no siguen las reglas.

2. ¿Cuál es el escenario?

Ⓐ un patio de juegos

Ⓑ un vecindario

Ⓒ una escuela

Ⓓ una casa

3. ¿Qué palabra es la raíz de *andando*?

Ⓐ a

Ⓑ andar

Ⓒ dar

Ⓓ dando

4. ¿Que palabra del texto significa *confiable*?

Ⓐ decidió

Ⓑ experiencia

Ⓒ calma

Ⓓ responsable

5. ¿Qué indican al lector las palabras *de repente* sobre un acontecimiento?

Ⓐ Alguien se lastima.

Ⓑ Ocurre algo de un momento a otro.

Ⓒ Ocurre algo lentamente.

Ⓓ Ocurre algo emocionante.

4. Ⓢ Ⓝ

5. Ⓢ Ⓝ

___ / 5

Total

NOMBRE: _____ FECHA:_____

Hagamos lugar para las bicicletas

20 de enero de 2012

Estimado alcalde:

Me dirijo a usted por un serio problema en nuestra ciudad. Creo que es importante tener carriles para bicicletas claramente marcados en las calles más transitadas. Algo ocurrió ayer que me hizo escribir esta carta. Iba en bicicleta de mi casa a la escuela. Estaba con mi mamá y mi hermana. Íbamos hacia el norte por la avenida Lakeview Drive. Las tres estábamos del lado derecho de la carretera. Seguíamos todas las reglas. Todas usábamos cascos. Utilizábamos claras señales manuales. De repente, un automóvil grande dobló a la derecha hacia nuestro camino. Por suerte, pude frenar de inmediato. Mi madre y mi hermana estaban detrás de mí. También pudieron frenar. Por poco no pasó un accidente. Este conductor casi me choca a mí y a mi bicicleta.

Yo estaba en el lugar correcto en la carretera. No obstante, este conductor no me vio. Creo que si hubiera estado dentro de un carril para bicicletas claramente marcado, hubiera estado más visible. Muchos en nuestra comunidad andamos en bicicleta. Nuestra seguridad en la carretera es importante.

En nuestra escuela, se ha estado hablando muchos sobre opciones saludables. Hemos debatido sobre una buena nutrición. Hemos hablado sobre lo importante que es mover el cuerpo todos los días. Hasta comenzamos a hacer cambios en nuestra propia escuela. Nuestra cafetería sirve muchas frutas y verduras deliciosas. Si la salud es tan importante, andar en bicicleta es una idea estupenda. Es una forma fácil y divertida de ejercitarse. Creo que queremos alentar a las personas para que lo hagan. Si las personas están preocupadas por salir lastimadas en la carretera, probablemente no andarán en bicicleta.

Considere hacer este cambio en la ciudad. Haga que sea más fácil para los ciclistas viajar de manera segura. Aliente a las personas a que salgan de sus automóviles y sean más saludables. Gracias.

Atentamente,

Josh Parker

NOMBRE: _____ FECHA: _____

INSTRUCCIONES Lee "Hagamos lugar para las bicicletas" y luego responde las preguntas.

1. ¿Qué resumen de la carta es el más adecuado?

Ⓐ Este texto se trata de cómo las bicicletas pueden llevarse en autobuses urbanos.

Ⓑ Este texto es sobre mantener seguras las bicicletas.

Ⓒ Este texto se trata de lugares seguros para andar en bicicleta.

Ⓓ Este texto se trata de hacer tiempo para ejercitar.

2. ¿Cuál es el propósito del autor?

Ⓐ hacer que andar en bicicleta por la ciudad sea más seguro

Ⓑ deshacerse de los carriles para bicicletas

Ⓒ obtener donaciones para mejorar la comida en la cafetería

Ⓓ encontrar su bicicleta robada

3. ¿De qué manera muestra esta carta una conexión personal con el tema de la seguridad en la bicicleta?

Ⓐ El autor ha estado en automóviles que han tenido problemas con ciclistas.

Ⓑ El autor comparte su propia experiencia con la seguridad en la bicicleta.

Ⓒ El autor ha entrevistado a muchos ciclistas.

Ⓓ El autor es un ciclista experto.

4. ¿Qué enunciado es verdadero sobre el autor?

Ⓐ Cree que los ciclistas son peligrosos para los automóviles.

Ⓑ Está molesto porque demasiadas personas andan en automóviles.

Ⓒ Está feliz de ver que los ciclistas y los automóviles viajan juntos de manera segura.

Ⓓ Está molesto porque él y su familia casi son chocados por un automóvil.

5. ¿Qué mensaje comparte esta carta sobre la seguridad en la bicicleta?

Ⓐ Todos los ciclistas necesitan banderas en sus bicicletas.

Ⓑ Los automóviles no podrán ver a los ciclistas a menos que usen cascos.

Ⓒ Los automóviles son más importantes que los ciclistas.

Ⓓ Los ciclistas se merecen estar seguros en las carreteras.

6. ¿Qué título indica un tipo de texto similar?

Ⓐ Invasores del espacio

Ⓑ Un día en la playa

Ⓒ Mantenerse seguros

Ⓓ Llevarse bien con los hermanos

1. Ⓢ Ⓝ

2. Ⓢ Ⓝ

3. Ⓢ Ⓝ

4. Ⓢ Ⓝ

5. Ⓢ Ⓝ

6. Ⓢ Ⓝ

___ / 6
Total

NOMBRE: _____ **FECHA:** _____

INSTRUCCIONES Vuelve a leer "Hagamos lugar para las bicicletas". Luego, lee la instrucción y responde en las líneas a continuación.

Piensa en un asunto en tu ciudad. ¿Sobre qué le escribirías al alcalde?

_____

_____

_____

_____

_____

_____

_____

_____

_____

_____

_____

_____

_____

_____

_____

_____

_____

NOMBRE: _____ **FECHA:** _____

INSTRUCCIONES Lee el texto y luego responde las preguntas.

Los insectos pueden ser muy diferentes. Algunos vuelan, mientras que otros caminan o saltan. Algunos insectos nos ayudan, mientras que otros nos dañan. Sin embargo, los insectos tienen algunas cosas en común. Son *invertebrados*, lo cual significa que no tienen columna vertebral. Todos los insectos tienen las tres mismas partes corporales: una cabeza, un abdomen y un tórax. Los insectos tienen tres pares de patas y dos pares de alas.

1. ⑤Ⓝ

2. ⑤Ⓝ

3. ⑤Ⓝ

1. ¿Qué pregunta sobre el texto ayudaría a los lectores a hacer una lectura rápida?

Ⓐ ¿Quién tiene un abdomen?

Ⓑ ¿En qué se diferencian los insectos?

Ⓒ ¿Qué haría si tuviera alas?

Ⓓ ¿Quién tenía un hueso roto?

2. ¿Qué título describe mejor la idea principal de este texto?

Ⓐ Sin columna vertebral

Ⓑ Insectos

Ⓒ ¿Volar o caminar?

Ⓓ Tres partes de insectos

3. ¿Qué sufijo podrías agregar a la raíz de *ayudar* para formar una nueva palabra?

Ⓐ –dor

Ⓑ –do

Ⓒ –mente

Ⓓ –ión

4. ¿Cuál es un antónimo de *dañar*?

Ⓐ odiar

Ⓑ pegar

Ⓒ ayudar

Ⓓ morder

4. ⑤Ⓝ

5. ⑤Ⓝ

5. ¿Qué palabra describe el tono de este texto?

Ⓐ objetivo

Ⓑ enojada

Ⓒ divertido

Ⓓ persuasivo

___ / 5

Total

NOMBRE: _____ FECHA:_____

INSTRUCCIONES Lee el texto y luego responde las preguntas.

1. Ⓢ Ⓝ

2. Ⓢ Ⓝ

   Las mariposas monarca comen plantas. Esto las hace *herbívoras*. Las orugas solo comen hojas de los algodoncillos. A las mariposas monarca adultas les gusta beber el néctar. Encuentran néctar en los algodoncillos. También lo encuentran en otras flores silvestres. Las flores de jardín también atraen a las monarca. Las personas plantan determinadas plantas en sus jardines. Esperan atraer a las mariposas monarca. ¡Quieren verlas volar por allí!

3. Ⓢ Ⓝ

4. Ⓢ Ⓝ

5. Ⓢ Ⓝ

____ / 5
Total

1. ¿Qué indica la primera oración sobre este texto?

Ⓐ El texto se trata de cómo migran las mariposas monarca.

Ⓑ El texto se trata de cómo las mariposas monarca navegan.

Ⓒ El texto se trata de lo que comen las mariposas monarca.

Ⓓ El texto se trata de las plantas en las que viven las mariposas monarca.

2. ¿Qué entrada de índice ayudaría a un lector a ubicar esta información?

Ⓐ hojas de los algodoncillos

Ⓑ néctar

Ⓒ dieta de las mariposas monarca

Ⓓ todas las opciones anteriores

3. ¿Qué palabra tiene la misma raíz que *plantas*?

Ⓐ pantalón

Ⓑ plantar

Ⓒ hormiga

Ⓓ plato

4. ¿Qué significa *atraer* en este texto?

Ⓐ ver claramente

Ⓑ escuchar claramente

Ⓒ traer

Ⓓ coincidir estrechamente

5. ¿Dónde podría encontrarse este texto?

Ⓐ un libro de bromas

Ⓑ un libro de poesía

Ⓒ un periódico

Ⓓ un libro de texto de ciencias

NOMBRE: _____ **FECHA:** _____

INSTRUCCIONES   Lee el texto y luego responde las preguntas.

Las mariposas monarca tienen nombres diferentes. La palabra *monarca* significa rey o reina. Las mariposas monarca solían llamarse *King Billy (rey Guillermo)*. Este nombre se les puso por el rey de Inglaterra. En la actualidad, también se conocen como *mariposas de algodoncillo*. Algunas personas las llaman *deambulantes*. El nombre no importa. ¡Estos insectos son hermosos!

1. Ⓢ Ⓝ

2. Ⓢ Ⓝ

3. Ⓢ Ⓝ

1. ¿Qué pregunta sobre el texto ayudaría a los lectores a hacer una lectura rápida?

Ⓐ ¿Qué historias tienen un rey o una reina?

Ⓑ ¿Quién es un deambulante?

Ⓒ ¿Qué nombres diferentes tienen las mariposas monarca?

Ⓓ ¿Dónde está Inglaterra?

2. ¿Qué encabezado de capítulo ayudaría a un lector a hallar este texto en un libro?

Ⓐ King Billy

Ⓑ Nombres para las mariposas monarca

Ⓒ Significados de las palabras

Ⓓ Insectos hermosos

3. ¿Qué palabra del texto forma una nueva palabra al agregar el prefijo *re–*?

Ⓐ rey

Ⓑ nombrar

Ⓒ materia

Ⓓ ellos

4. ¿Cuál de estas palabras es un sinónimo de *monarca*?

Ⓐ deambulante

Ⓑ emperador

Ⓒ algodoncillos

Ⓓ marcha

4. Ⓢ Ⓝ

5. Ⓢ Ⓝ

5. ¿Qué te indica el lenguaje de este texto sobre el propósito del autor?

Ⓐ El lenguaje es personal, por lo que las personas se sentirán como si tuvieran su propia mariposa.

Ⓑ El lenguaje es fáctico, por lo que las personas aprenderán más sobre las mariposas.

Ⓒ El lenguaje es divertido, por lo que las personas se reirán de las mariposas.

Ⓓ El lenguaje es persuasivo, por lo que las personas tendrán nuevas opiniones sobre las mariposas.

___ / 5
Total

NOMBRE: _____ FECHA:_____

Mariposas monarca

Las mariposas monarca son imponentes. Sus colores y patrones son hermosos. Son fáciles de identificar cuando vuelan por el aire. Las mariposas monarca adultas inician su vida en un huevo. Luego, salen en forma de oruga. Esa fase dura alrededor de dos semanas. Después, la oruga crea una crisálida o un cascarón duro. Se producen cambios. Pronto, emerge una mariposa.

Los colores brillantes de la mariposa monarca son bastante llamativos. Algunas personas creen que los colores deberían atraer a los depredadores. No obstante, estos en realidad la protegen de ellos. Esto se denomina *adaptación*. Se relaciona con el modo en que un animal cambia. Estos cambios aumentan las posibilidades de supervivencia. Este cambio comienza cuando las mariposas monarca son orugas. Las orugas comen hojas de algodoncillo. Estas hojas tienen una sustancia química venenosa. Las orugas almacenan la sustancia química en el cuerpo. Esta no les causa daño. Pero hace que tengan un sabor horrible para los depredadores. Los depredadores no quieren comerlas.

mariposa monarca

Las mariposas monarca migran de un hábitat veraniego a uno invernal. Es posible que sean la única especie de mariposas que hace esto. La mayoría inician la migración en septiembre u octubre. Realizan los mismos recorridos cada año. El recorrido está dividido en muchas paradas. Todas las noches, las mariposas monarca paran para descansar o alimentarse. Se reúnen en un árbol. Posiblemente en un árbol de eucalipto. También puede ser en un pino o un ciprés. Un solo árbol puede tener miles de mariposas monarca en él. Este recorrido puede llevarles un máximo de noventa días. Sin embargo, esta migración ha causado problemas.

El problema se produce cuando las personas cortan los árboles. Los árboles son *talados*. Las personas usan la madera para construir. También quieren tener espacios abiertos. Quieren construir en el terreno. Las mariposas monarca ya no pueden refugiarse en los árboles. No pueden detenerse para descansar. No pueden mantenerse calientes. No pueden evitar deshidratarse.

Algunas personas intentan ayudar a las mariposas monarca. Protegen sus hábitats. Las personas plantan algodoncillos. Siembran también otras flores. Las personas quieren que las mariposas monarca tengan alimento y agua. También quieren que tengan refugio. Esto permitirá que esta hermosa especie permanezca viva.

NOMBRE: _____ **FECHA:**_____

INSTRUCCIONES Lee "Mariposas monarca" y luego responde las preguntas.

1. ¿Cuál es el propósito de leer este texto?

Ⓐ reírse sobre cuán graciosas son las mariposas

Ⓑ ser persuadido respecto de que las mariposas son los mejores insectos del mundo

Ⓒ aprender sobre las mariposas monarcas

Ⓓ aprender sobre las adaptaciones

2. ¿Cómo se siente el autor respecto de la destrucción de los hábitats de las mariposas?

Ⓐ Se trata de un problema grave y las personas trabajan para solucionarlo.

Ⓑ Está bien porque crecerán más árboles.

Ⓒ No debe importar porque los edificios son más importantes.

Ⓓ Es divertido porque las mariposas son muy graciosas.

3. ¿Qué enunciado tiene conexión con el texto?

Ⓐ No sé lo que es el veneno.

Ⓑ He trabajado para conservar los hábitats de los pájaros.

Ⓒ Tengo plantas en mi jardín.

Ⓓ He visto anteriormente cómo un pollo ponía un huevo.

4. ¿Qué tema **no** se cubre en este texto?

Ⓐ cómo y hacia dónde migran las mariposas monarca

Ⓑ de qué manera las mariposas monarca usan sus colores como adaptación

Ⓒ de dónde reciben su nombre las mariposas monarca

Ⓓ qué está sucediendo con el hábitat de las mariposas monarca

5. ¿Cuál es el mejor resumen del texto?

Ⓐ Las mariposas monarca inician la migración en otoño.

Ⓑ Las mariposas monarca son criaturas sorprendentes y sus hábitats están en peligro.

Ⓒ Las hojas de algodoncillo tienen una sustancia química venenosa.

Ⓓ Las mariposas monarca comienzan la vida en un huevo.

6. ¿Por qué los hábitats de las mariposas están en peligro?

Ⓐ Se están produciendo incendios incontrolables.

Ⓑ La contaminación del aire ha matado a las mariposas.

Ⓒ Se están cortando árboles.

Ⓓ Los depredadores ahora viven en sus hábitats.

1. Ⓢ Ⓝ

2. Ⓢ Ⓝ

3. Ⓢ Ⓝ

4. Ⓢ Ⓝ

5. Ⓢ Ⓝ

6. Ⓢ Ⓝ

___ / 6
Total

NOMBRE: _____ **FECHA:** _____

PUNTAJE

___ / 4

INSTRUCCIONES Vuelve a leer "Mariposas monarca". Luego, lee la instrucción y responde en las líneas a continuación.

Piensa en las dificultades que se les presentan a las mariposas monarca en las áreas donde se cortan árboles. ¿Por qué piensas que la situación con las mariposas nos debería importar?

_____

_____

_____

_____

_____

_____

_____

_____

_____

_____

_____

_____

_____

_____

_____

_____

NOMBRE: _____ **FECHA:** _____

Lee el texto y luego responde las preguntas.

PUNTAJE

Kevin y Drake estaban parados en frente de la tienda de comestibles. Estaban en el medio de un turno de tres horas. Los dos niños pertenecían al mismo equipo de fútbol y su equipo vendía golosinas. Estaban tratando de recaudar dinero para asistir a un gran torneo. Con el dinero, pagarían un autobús que llevaría a los jugadores el día del partido. ¡Kevin y Drake estaban trabajando arduamente para vender golosinas y obtener algo de efectivo!

1. Ⓢ Ⓝ

2. Ⓢ Ⓝ

3. Ⓢ Ⓝ

1. ¿Cuál es el resumen más preciso de este texto?

Ⓐ Se trata de dos niños que venden golosinas.

Ⓑ Se trata de dos niños que juegan al fútbol.

Ⓒ Se trata de dos amigos que comen golosinas.

Ⓓ Se trata de dos niños que están en un autobús.

2. ¿Qué verbo describe mejor las acciones de los personajes principales?

Ⓐ jugar

Ⓑ vender

Ⓒ pelear

Ⓓ patear

3. ¿Qué sufijo podrías agregar al lexema *vend-* para crear una nueva palabra?

Ⓐ *–is*

Ⓑ *–mente*

Ⓒ *–ción*

Ⓓ *–edor*

4. ¿Cuál es un sinónimo de *torneo*?

Ⓐ mostrar

Ⓑ competencia

Ⓒ presentación

Ⓓ lucha

5. ¿Cuándo escucharías probablemente la palabra *turno*?

Ⓐ un niño hablando sobre ir a la biblioteca

Ⓑ un adulto hablando sobre ir a trabajar

Ⓒ un maestro recolectando la tarea

Ⓓ un estudiante realizando un examen

4. Ⓢ Ⓝ

5. Ⓢ Ⓝ

___ / 5
Total

NOMBRE: _____ FECHA:_____

PUNTAJE

INSTRUCCIONES Lee el texto y luego responde las preguntas.

1. Ⓢ Ⓝ

2. Ⓢ Ⓝ

La familia estaba paseando en bicicleta en un caluroso día de verano. Doblaron en la esquina y recorrieron una calle tranquila durante unos minutos. De repente, notaron que había un pequeño grupo de niños afuera con una mesa. Estaban vendiendo limonada. "¡Limonada a 25 centavos!", gritaban los niños. ¡Qué bebida tan perfecta para un caluroso paseo en bicicleta!

3. Ⓢ Ⓝ

4. Ⓢ Ⓝ

5. Ⓢ Ⓝ

___ / 5
Total

1. ¿Qué título va mejor con este texto?

Ⓐ Una calle tranquila

Ⓑ Un puesto de limonada

Ⓒ De paseo

Ⓓ Mi bebida favorita

2. ¿Qué hizo la familia durante el paseo en bicicleta?

Ⓐ Se detuvieron a comprar limonada.

Ⓑ Discutieron.

Ⓒ Se perdieron.

Ⓓ Se quejaron.

3. ¿Qué palabra es la raíz en *doblaron*?

Ⓐ ron

Ⓑ obl

Ⓒ on

Ⓓ dobl

4. ¿Qué palabra significa *vieron*?

Ⓐ doblaron

Ⓑ notaron

Ⓒ gritar

Ⓓ afuera

5. ¿Qué significa la expresión *de repente*?

Ⓐ lentamente

Ⓑ ocurre algo inesperado

Ⓒ en secreto

Ⓓ una parada rápida

NOMBRE: _____ **FECHA:** _____

INSTRUCCIONES   Lee el texto y luego responde las preguntas.

Fue emocionante tener mi primer trabajo. Mi primer trabajo consistía en cortar el césped del vecino cuando tenía ocho años. Había estado ayudando a mi papá con nuestro patio durante unos años y por eso sabía qué hacer. Imprimí algunos folletos y los distribuí por la calle. No estaba seguro de lo que sucedería, pero me emocioné cuando tres vecinos solicitaron mis servicios. ¡Ganar mi primer dinero fue muy emocionante!

1. Ⓢ Ⓝ

2. Ⓢ Ⓝ

3. Ⓢ Ⓝ

1. ¿Qué título va mejor con este texto?

Ⓐ Tres vecinos

Ⓑ Mi primer trabajo

Ⓒ Ayuda a papá

Ⓓ Cortar el césped

4. ¿Qué significado de *servicios* se usa en este texto?

Ⓐ ayuda

Ⓑ dinero

Ⓒ asesoramiento

Ⓓ folleto

4. Ⓢ Ⓝ

5. Ⓢ Ⓝ

2. ¿Quién es el narrador?

Ⓐ un padre

Ⓑ un niño mayor de ocho años

Ⓒ un niño de cinco años

Ⓓ un cortador de césped

___ / 5

Total

5. ¿Qué palabra le indica al lector que esta fue una nueva experiencia para el narrador?

Ⓐ emocionante

Ⓑ primer

Ⓒ ganar

Ⓓ trabajo

3. ¿Qué palabra tiene la misma raíz que *ayudar*?

Ⓐ chillidos

Ⓑ ayudante

Ⓒ comer

Ⓓ sostener

NOMBRE: _____ **FECHA:** _____

Recaudación de dinero

Nuestra clase ha estado estudiando los árboles nativos este año. Estamos aprendiendo cuán importantes son los árboles para la salud de nuestro planeta. Ayer, la maestra nos habló sobre un arboreto cercano. Un *arboreto* es como un museo de árboles. Hay muchos tipos de árboles diferentes plantados allí. Nuestra clase estaba muy emocionada por ir de excursión allí.

Sin embargo, había un problema. Esta excursión costaría mucho dinero y nuestra maestra no estaba segura de cómo pagarla. Los padres ya habían donado dinero para las excursiones. Debíamos cubrir el costo del autobús y las entradas. Nuestra clase decidió hacer una lluvia de ideas. Nos preguntamos cómo podríamos obtener suficiente dinero.

Elaboramos una lista de ideas. Luego, por las ideas para ver cuál sería la más popular. ¡La maratón de lectura obtuvo un triunfo aplastante! Los niños estaban entusiasmados con este plan. Hablamos sobre todos los detalles. Elegimos un día. También diseñamos una hoja de firmas. Cada estudiante la compartió con sus amigos y familiares. Las personas nos pagarían según la cantidad de páginas que pudiéramos leer. Incluso usaríamos pijamas para ir a la escuela ese día. De esa manera, podríamos leer y estar cómodos. ¡Parecía ser muy divertido!

Me tomé mi trabajo muy en serio. Pasé mi hoja de firmas a todos los que conocía. Quería recaudar la mayor cantidad de dinero posible porque realmente quería ver los árboles en el arboreto. Obtuve veinticinco firmas. Creo que recaudé mucho dinero.

El día de la maratón de lectura finalmente llegó. Todos usamos nuestros pijamas. Leímos durante varias horas consecutivas. Me cansé un poco, pero fue una manera divertida de obtener dinero. Al final del día, mi maestro hizo el gran anuncio. ¡Habíamos obtenido suficiente dinero para el viaje! ¡Qué excelentes recaudadores de fondos!

NOMBRE: _____ **FECHA:** _____

INSTRUCCIONES Lee "Recaudación de dinero" y luego responde las preguntas.

1. ¿Qué propósito de lectura de este texto es más adecuado?

(A) aprender sobre los árboles nativos

(B) obtener inspiración para recaudar dinero o lograr algún otro objetivo como grupo

(C) comparar una maratón de lectura con una competencia de caminata

(D) aprender las reglas para ir de excursión

2. ¿Qué opinión tiene el autor?

(A) Trabajar en conjunto puede tener resultados sorprendentes.

(B) Las excursiones no valen la pena por su costo.

(C) Los autobuses escolares siempre son costosos.

(D) Leer es un trabajo difícil.

3. ¿Quién se identificaría mejor con la experiencia del narrador?

(A) un maestro que enseñe sobre pájaros nativos

(B) una clase que está recaudando dinero para donar a una causa importante

(C) el propietario de un autobús escolar

(D) un bibliotecario que les lee a los niños

4. ¿Qué enunciado es verdadero sobre el narrador?

(A) El narrador está enojado sobre la recaudación de dinero.

(B) El narrador realmente quiere ir al arboreto.

(C) El narrador no cree que la clase pueda recaudar dinero.

(D) El narrador tiene miedo de leer tanto tiempo.

5. ¿Cuál es el tema de este texto?

(A) Las excursiones son difíciles de planear.

(B) Cualquier cosa es posible con trabajo en equipo.

(C) El dinero es un asunto privado.

(D) Los maestros tienen todas las respuestas a los problemas.

6. ¿Qué otro tipo de texto es similar a esta historia?

(A) un poema sobre árboles

(B) un texto de no ficción sobre cómo mantenerse seguro en un viaje en autobús

(C) una carta al editor de un periódico sobre recaudar dinero para un nuevo patio de juegos

(D) una historia de ficción sobre dos amigos a quienes les encanta cantar

1. Ⓢ Ⓝ

2. Ⓢ Ⓝ

3. Ⓢ Ⓝ

4. Ⓢ Ⓝ

5. Ⓢ Ⓝ

6. Ⓢ Ⓝ

___ / 6

Total

NOMBRE: _____ **FECHA:**_____

INSTRUCCIONES Vuelve a leer "Recaudación de dinero". Luego, lee la instrucción y responde en las líneas a continuación.

Esta historia trata sobre un grupo de niños que trabajan en conjunto para alcanzar un objetivo común. ¿Cuándo has trabajado con otros para alcanzar un objetivo o lograr algo?

_____

_____

_____

_____

_____

_____

_____

_____

_____

_____

_____

_____

_____

_____

_____

NOMBRE: _____ **FECHA:**_____

INSTRUCCIONES Lee el texto y luego responde las preguntas.

Un marcador de resultados es una persona importante en los deportes. Esta es una persona que se encarga de registrar el puntaje oficial. Este trabajo exige mucho. El marcador de resultados tiene que mirar el partido muy atentamente. Las cosas pueden suceder muy rápidamente. Esta persona también rastrea otras estadísticas. Se observa atentamente a cada jugador. Se computan todos los números oficiales. Estos se comparten al final del partido.

1. Ⓢ Ⓝ

2. Ⓢ Ⓝ

3. Ⓢ Ⓝ

1. ¿Qué palabra resume mejor el tema de este texto?

Ⓐ jugador

Ⓑ marcador de resultados

Ⓒ juego

Ⓓ trabajo

2. ¿Qué título describe mejor la idea principal de este texto?

Ⓐ Un juego de números

Ⓑ Observación atenta

Ⓒ Agregados

Ⓓ El trabajo de un marcador de resultados

3. ¿Qué sufijo podrías agregar al lexema *observ-* para crear una nueva palabra?

Ⓐ –es

Ⓑ –mente

Ⓒ –ir

Ⓓ –ión

4. ¿Cuál es la definición de *rastrea* tal como se usa en este texto?

Ⓐ lleva una rastra por el fondo del agua

Ⓑ hace alguna labor con el rastro

Ⓒ hace un seguimiento

Ⓓ va por el aire casi tocando el cielo

4. Ⓢ Ⓝ

5. Ⓢ Ⓝ

___ / 5

Total

5. ¿Qué tipo de texto tendrá un lenguaje similar al de este texto?

Ⓐ una autobiografía

Ⓑ un libro de historia

Ⓒ una revista de deportes

Ⓓ un periódico

NOMBRE: _____ FECHA:_____

PUNTAJE

INSTRUCCIONES Lee el texto y luego responde las preguntas.

Un *promedio* es un tipo de estadística. Se determina con un grupo de números. ¿Cuál es el valor promedio? Se determina sumando un grupo de números. Luego, el total se divide por la cantidad de números. Un promedio nos indica cuál es el valor más común. Un maestro puede indicar que tiene un promedio de veinticinco estudiantes en la clase cada día. Algunos días, puede tener más estudiantes. Algunos días, puede tener menos. El promedio es el valor típico.

1. Ⓢ Ⓝ

2. Ⓢ Ⓝ

3. Ⓢ Ⓝ

4. Ⓢ Ⓝ

5. Ⓢ Ⓝ

___ / 5
Total

1. ¿Qué indica la primera oración sobre este texto?

Ⓐ Trata sobre patrones numéricos.

Ⓑ Trata sobre promedios y estadísticas.

Ⓒ Trata sobre odiar las matemáticas.

Ⓓ Trata sobre geometría.

2. ¿Qué título de capítulo ayudaría a un lector a ubicar esta información en un índice?

Ⓐ Suma de números

Ⓑ Determinación de promedios

Ⓒ Valores típicos

Ⓓ Resolución de problemas de protestas

3. ¿Qué palabra tiene la misma raíz que *divide*?

Ⓐ video

Ⓑ diversión

Ⓒ división

Ⓓ paloma

4. ¿Cuál es un sinónimo de *indicar*?

Ⓐ demandar

Ⓑ afirmar

Ⓒ recibir

Ⓓ ganar

5. ¿Qué tipo de texto incluiría un lenguaje similar al de este texto?

Ⓐ una enciclopedia

Ⓑ un libro de poesía

Ⓒ una carta

Ⓓ un libro de texto de matemáticas

 126831—180 Days of Reading—Spanish

NOMBRE: _____ FECHA: _____

Lee el texto y luego responde las preguntas.

PUNTAJE

Es emocionante seguir el juego del béisbol porque la acción no se detiene durante nueve entradas. Los jugadores ponen todo su empeño en lograr golpes imparables y anotar carreras para su equipo. Quieren pegarle bien a la pelota y también quieren mantenerse en una base porque eso lleva a la obtención de puntos. Un jonrón es lo mejor que un jugador puede hacer con el bate. Esto significa que se le pega a la pelota de modo que sale del campo. Un jugador logra anotar una carrera luego de un jonrón y, si hay jugadores en las bases, estos también lo hacen.

1. Ⓢ Ⓝ

2. Ⓢ Ⓝ

3. Ⓢ Ⓝ

1. ¿Qué imagen describiría mejor este texto a un lector?

4. Ⓢ Ⓝ

Ⓐ una imagen de una pelota y un bate de béisbol

Ⓑ una imagen de un número

5. Ⓢ Ⓝ

Ⓒ una imagen de un trofeo

Ⓓ una imagen de una base

3. ¿Qué palabra del texto forma una nueva palabra al agregar el prefijo per–?

Ⓐ juego

Ⓑ seguir

Ⓒ detener

Ⓓ nueve

___ / 5

Total

2. ¿Qué entrada de índice ayudaría a un lector a ubicar esta información?

Ⓐ reglas del fútbol

Ⓑ golpes imparables con la pelota de béisbol

Ⓒ tipos de bates de béisbol

Ⓓ marcadores de resultados

4. ¿Qué palabra tiene la misma raíz que obtención?

Ⓐ huerta

Ⓑ obtener

Ⓒ asustar

Ⓓ remo

5. ¿Cuál es el tono de este texto?

Ⓐ romántico

Ⓑ enojada

Ⓒ persuasivo

Ⓓ informativo

NOMBRE: _____ **FECHA:** _____

¿Qué son esas estadísticas?

A muchas personas les encanta el juego del béisbol. Algunas personas disfrutan practicar el deporte. Otras disfrutan mirar el juego. ¡A muchos fanáticos les encanta hacer las dos cosas!

Las reglas del juego son simples. El puntaje indica a las personas quién está ganando. Sin embargo, no es el único número que se usa en el juego. En las estadísticas de béisbol se usan muchos números y matemáticas. Estos nos ofrecen datos sobre el juego.

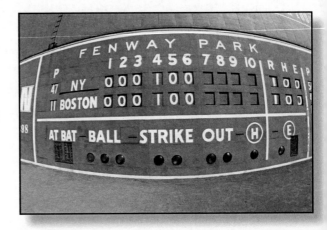

A los fanáticos no siempre les importan las *estadísticas*. Algunas personas solamente quieren saber cuán bien le va a un equipo. Siguen el puntaje final de los partidos. También quieren conocer el *ranking*. Esta es la posición de un equipo en comparación con otros equipos. Para muchos fanáticos, es suficiente con saber que su equipo está en el primer lugar.

Otros fanáticos desean obtener información más específica. Es posible que los fanáticos quieran comparar jugadores. Usar las estadísticas es una manera de clasificar a un jugador. ¿Qué estadísticas comunes siguen las personas? Una es el número de golpes imparables que tiene un jugador. La frecuencia con la que un jugador logra un imparable nos indica qué tan bien está jugando. También lo hace su *promedio de bateo*. Este número muestra la frecuencia con la que un jugador logra un golpes imparable con la pelota durante una temporada. ¿Has escuchado sobre una CI? Eso significa *carrera impulsada*. Esta es otra estadística importante. Nos indica cuánto ayuda un jugador a que su equipo obtenga puntos.

A veces, las estadísticas son importantes para los fanáticos durante un período breve. Esto ocurre cuando un jugador está cerca de romper un récord. Por ejemplo, un bateador fuerte puede lograr muchos jonrones durante su carrera. El jugador, luego, puede acercarse al récord de mayoría de jonrones. Las personas comenzarán a prestar atención. Mirarán los partidos para saber si ese jugador cambiará las estadísticas. Se convierte en una cuenta regresiva. Las personas se enfocan en la estadística. ¡Romper un récord en cualquier deporte es muy importante! ¡Sin estadísticas, no habría récords para romper!

Cada vez que un jugador va a batear, hay alguien mirando. Las personas registran los puntajes. También registran los eventos del partido. Estos se convierten en el récord de la temporada de un equipo. Estos récords se conservan para siempre. Las estadísticas cuentan la historia de un juego. Cuentan la historia del desempeño de un jugador. El béisbol se basa en ellas en su totalidad.

NOMBRE: _____ **FECHA:** _____

INSTRUCCIONES Lee "¿Qué son esas estadísticas?" y luego responde las preguntas.

1. ¿Cuál es el mejor resumen del texto?

(A) Trata sobre la importancia de las estadísticas en los deportes.

(B) Trata sobre cómo calcular estadísticas.

(C) Trata sobre qué jugadores tienen las mejores estadísticas.

(D) Trata sobre qué entrenadores logran que se obtengan mejores estadísticas.

2. ¿Cómo es posible que se sienta este autor respecto de las matemáticas?

(A) Las matemáticas hacen que el béisbol sea aburrido.

(B) Las matemáticas son importantes en el béisbol.

(C) Las estadísticas no son relevantes para la vida cotidiana.

(D) Las matemáticas solamente deben estudiarse en la escuela.

3. ¿Cuál tiene una conexión personal con el texto?

(A) Prefiero los deportes en equipo porque son más divertidos.

(B) Siempre trato de romper mi mejor récord en el equipo de natación.

(C) Trabajé con mis tarjetas de matemáticas anoche.

(D) Nuestro coro obtuvo el primer lugar en la competencia de ayer.

4. ¿Qué tema **no** se cubre en este texto?

(A) qué es una CI

(B) por qué las estadísticas son interesantes para los fanáticos del béisbol

(C) quiénes tienen las mejores estadísticas en los equipos de béisbol de la actualidad

(D) por qué las personas prestan mucha atención a determinadas estadísticas cuando se podrían romper récords

5. ¿Cuál es la idea principal?

(A) Ser el primero es importante para todos los fanáticos.

(B) Las estadísticas nos informan más sobre el juego del béisbol.

(C) Las estadísticas distraen a las personas de la acción del juego.

(D) Las matemáticas no tienen lugar en los deportes.

6. ¿Qué es una *CI*?

(A) una carrera por entrada

(B) una carrera impulsada

(C) un incidente de bateo real

(D) una carrera por incidente

1. (S)(N)

2. (S)(N)

3. (S)(N)

4. (S)(N)

5. (S)(N)

6. (S)(N)

___ / 6
Total

NOMBRE: _____ **FECHA:** _____

PUNTAJE

___ / 4

INSTRUCCIONES Vuelve a leer "¿Qué son esas estadísticas?". Luego, lee la instrucción y responde en las líneas a continuación.

Piensa en si te gustaría conocer estas estadísticas incuestionables mientras miras un partido de béisbol. ¿Piensas que estos números hacen que el juego sea más emocionante? Explica tu razonamiento.

_____

_____

_____

_____

_____

_____

_____

_____

_____

_____

_____

_____

_____

_____

NOMBRE: _____ **FECHA:** _____

Lee el texto y luego responde las preguntas.

Mónica leyó un artículo. Se trataba de una estrella de baloncesto. Mónica quería conocer su secreto. ¿Cómo hizo para convertirse en un deportista sorprendente? Ella también quiere mejorar. Está trabajando sus habilidades relacionadas con el sóftbol. Aprendió que el deportista trabajó arduamente. Era serio. Creía en sí mismo. Esto ayudó a Mónica a enfocarse en sus fortalezas.

1. Ⓢ Ⓝ

2. Ⓢ Ⓝ

3. Ⓢ Ⓝ

1. ¿De qué trata el texto?

Ⓐ Trata sobre alentar a un deportista.

Ⓑ Trata sobre el uso de anteojos por parte de los jugadores de baloncesto para ver la pelota.

Ⓒ Trata sobre la importancia de creer en uno mismo y trabajar arduamente.

Ⓓ Trata sobre observar una pelota.

2. ¿Quién es el personaje principal?

Ⓐ una estrella de baloncesto

Ⓑ Mónica

Ⓒ el equipo de baloncesto de Mónica

Ⓓ el equipo de sóftbol de Mónica

3. ¿Qué sufijo se podría agregar al lexema *trabaj-* para crear una nueva palabra?

Ⓐ –*er*

Ⓑ –*mente*

Ⓒ –*ción*

Ⓓ –*ador*

4. Ⓢ Ⓝ

5. Ⓢ Ⓝ

4. ¿Cuál es la definición de *enfocarse*?

Ⓐ mejorar

Ⓑ prestar mucha atención a

Ⓒ respaldar

Ⓓ moverse rápidamente

___ / 5

Total

5. ¿Qué frase es un ejemplo de aliteración?

Ⓐ conocer su secreto

Ⓑ el deportista trabajó arduamente

Ⓒ estrella enfocada

Ⓓ deportista sorprendente

NOMBRE: _____ FECHA:_____

PUNTAJE

INSTRUCCIONES Lee el texto y luego responde las preguntas.

1. Ⓢ Ⓝ

    Josefa y Kevin eligieron una película. Tenían opiniones diferentes. Josefa quería un final feliz. Kevin quería mucha acción. Después de la película, compartieron sus ideas. A ambos les gustó. Kevin quería que fuera más emocionante. Josefa deseaba que los personajes fueran felices al final. ¡De todas maneras, era una buena película!

2. Ⓢ Ⓝ

3. Ⓢ Ⓝ

1. ¿Qué título va mejor con este texto?

4. Ⓢ Ⓝ

Ⓐ Diferentes opiniones

Ⓑ Finales malos de películas

5. Ⓢ Ⓝ

Ⓒ ¿Felicidad o acción?

Ⓓ Sin felicidad

___ / 5
Total

2. ¿Cómo podrías describir las opiniones de los dos personajes principales?

Ⓐ Josefa y Kevin no se pueden poner de acuerdo respecto de qué película ver.

Ⓑ Josefa y Kevin están de acuerdo respecto de cómo debería haber terminado la película.

Ⓒ Josefa y Kevin tienen diferentes opiniones, pero ambos detestaron la película.

Ⓓ Josefa y Kevin tienen diferentes opiniones, pero a ambos les gustó la película.

3. ¿Qué palabra es la raíz en *compartieron*?

Ⓐ oro

Ⓑ compar

Ⓒ ompartieron

Ⓓ mpa

4. ¿Qué palabra significa *un punto de vista personal*?

Ⓐ opinión

Ⓑ final

Ⓒ felices

Ⓓ acción

5. ¿Qué palabra se usa para indicar al lector que se comparan dos cosas?

Ⓐ película

Ⓑ quería

Ⓒ ambos

Ⓓ final

 126831—180 Days of Reading—Spanish

NOMBRE: _____ **FECHA:** _____

PUNTAJE

INSTRUCCIONES Lee el texto y luego responde las preguntas.

"Hoy tenemos examen —les recuerda el maestro a los estudiantes—. Recuerden que el examen es cronometrado. Estaré atento al reloj. Cuando suene la campana, se terminará el tiempo de examen. Tienen cuarenta y cinco minutos para responder las preguntas".

Los estudiantes abren los libros de examen y leen las instrucciones. ¡No quieren escuchar la campana hasta haber finalizado!

1. ¿Qué imagen describiría mejor este texto a un lector?

(A) una imagen de un lápiz

(B) una imagen de un estudiante leyendo

(C) una imagen de una campana

(D) una imagen de un reloj y un examen

2. ¿Cuál es el escenario?

(A) un salón de clases

(B) una tienda de libros

(C) el patio de juegos

(D) una casa

3. ¿Qué palabra es la raíz en *finalizado*?

(A) final

(B) finalmente

(C) ado

(D) lizad

4. ¿Cuáles de estas palabras significan lo mismo?

(A) *terminar* y *finalizar*

(B) *escuchar* y *suene*

(C) *campana* y *cronometrado*

(D) *responder* y *leen*

5. ¿Cuál es el tono de la última oración?

(A) desesperado

(B) casual

(C) nervioso

(D) agradecido

PUNTAJE

1. Ⓢ Ⓝ
2. Ⓢ Ⓝ
3. Ⓢ Ⓝ
4. Ⓢ Ⓝ
5. Ⓢ Ⓝ

___ / 5
Total

NOMBRE: _____ FECHA: _____

Una gran oportunidad

Siempre he odiado los partidos que dependen de los segundos finales. No soporto mirarlos ni soporto jugarlos. Me pone muy ansioso saber que algo puede pasar y que el resultado final puede ser una desilusión.

Entonces, te puedes imaginar lo que sentí cuando me quedaba alrededor de un minuto de tiempo durante el partido de fútbol de la semana pasada. Nuestro equipo jugaba contra los Devils y el marcador estaba 4 a 3. Estábamos un gol abajo y esperábamos marcar antes del silbato final. Si podíamos empatar el partido, los dos equipos jugarían un tiempo adicional para que hubiera un ganador.

Este era un partido importante. Era el último de la temporada. El ganador de este partido jugaría el campeonato de la ciudad. Era un momento muy tenso.

Estaba jugando adelante ese día y movía la pelota por la cancha con mi amigo, Alex. Nos la pasábamos hacia atrás y hacia delante, y avanzábamos mucho. Podía escuchar los gritos de la multitud e incluso escuché a mi mamá, que gritaba mi nombre. Estaba muy concentrado, por lo que todo lo que podía hacer era mirar la pelota e imaginar el gol. Estaba buscando un espacio para poder patear. Sabía que el arquero era un poco lento, así que si tenía que correr detrás de una pelota rápidamente, se le podría pasar de largo. Era mi única esperanza.

En un instante, vi mi posibilidad. Pude ver una línea recta hasta la red. Todo lo que necesitaba era patear con fuerza. Estaba seguro de que la pelota pasaría de largo al arquero. Afirmé el pie izquierdo y dirigí la pierna derecha hacia el arco. Pateé la pelota con todas mis fuerzas. Miré la pelota, casi como si estuviera en cámara lenta, mientras iba directamente hacia las manos del arquero. Luego, escuché el silbato. El partido había terminado y habíamos perdido. Nunca antes había sentido tanta desilusión. No importaba que mi entrenador me chocara los cinco y me dijera que había hecho buen partido, ni que mis compañeros de equipo me dijeran que fue un buen intento. Tenía muchas ganas de ganar, pero perdí la oportunidad.

NOMBRE: _____ **FECHA:** _____

INSTRUCCIONES Lee "Una gran oportunidad" y luego responde las preguntas.

1. ¿Qué enunciado es verdadero sobre el narrador?

Ⓐ No le gustan los partidos que se definen al final.

Ⓑ Es un jugador de fútbol muy malo.

Ⓒ No quiere participar del campeonato de la ciudad.

Ⓓ No confía en Alex.

2. ¿Qué opinión tiene el autor?

Ⓐ Es mejor ser un jugador que comparte con el equipo que uno que acapara la pelota.

Ⓑ Perder un partido es el peor resultado que se puede obtener.

Ⓒ Perder un partido importante puede provocar desilusión.

Ⓓ El fútbol es demasiado competitivo.

3. ¿Quién tiene más probabilidades de relacionarse con la experiencia del narrador?

Ⓐ un arquero que ataja la pelota

Ⓑ un maestro que se olvida de tomar un examen de ortografía

Ⓒ un cocinero que quema una comida y tiene que comenzar de cero

Ⓓ una gimnasta que falla y hace que su equipo pierda

4. ¿Qué resumen del texto es más adecuado?

Ⓐ Al narrador le gusta jugar al fútbol con su amigo Alex.

Ⓑ El narrador falta a la cita con el médico.

Ⓒ El narrador hace un gol y gana el partido.

Ⓓ El narrador pierde la oportunidad de hacer un gol.

5. ¿Cuál es el tema de este texto?

Ⓐ Aprender a perder con dignidad es importante.

Ⓑ El trabajo arduo puede tener recompensa.

Ⓒ Los deportes en equipo implican solo ganar y perder.

Ⓓ Se puede salvar un partido con un silbato.

6. ¿Qué otro tipo de texto se relaciona con este texto?

Ⓐ un poema sobre el fútbol

Ⓑ un texto de no ficción sobre las reglas del fútbol

Ⓒ una carta al editor de un periódico sobre mantener los parques limpios

Ⓓ una historia de ficción sobre un nadador que pierde una carrera

1. Ⓢ Ⓝ

2. Ⓢ Ⓝ

3. Ⓢ Ⓝ

4. Ⓢ Ⓝ

5. Ⓢ Ⓝ

6. Ⓢ Ⓝ

___ / 6

Total

NOMBRE: _____ **FECHA:** _____

INSTRUCCIONES

Vuelve a leer "Una gran oportunidad". Luego, lee la instrucción y responde en las líneas a continuación.

Piensa en cuán desilusionado se siente el narrador cuando suena el silbato y termina el partido de fútbol. ¿Cuándo te has sentido desilusionado por algo que hiciste? ¿Cómo te recuperaste de esa sensación?

_____

_____

_____

_____

_____

_____

_____

_____

_____

_____

_____

_____

_____

_____

_____

NOMBRE: _____ **FECHA:** _____

INSTRUCCIONES Lee el texto y luego responde las preguntas.

Las personas del mundo hablan idiomas diferentes. Cada región tiene su propio idioma nativo. Algunas personas aprenden a hablar más de un idioma. Es posible que necesiten un idioma para hablar con sus familiares o amigos. Y tal vez tengan que hablar otro idioma en la escuela o el trabajo. ¡Aprender a hablar nuevos idiomas puede ser muy divertido!

1. ¿Qué palabra resume el tema de este texto?

Ⓐ nativo
Ⓑ idiomas
Ⓒ aprendizaje
Ⓓ personas

2. ¿A qué capítulo pertenecería este texto?

Ⓐ Clase de lengua
Ⓑ Hablar dos idiomas
Ⓒ La primera palabra de un bebé
Ⓓ Problemas de traducción

3. ¿A qué palabra del texto se le podría agregar –mente para crear una nueva palabra?

Ⓐ aprenden
Ⓑ necesiten
Ⓒ trabajo
Ⓓ nueva

4. ¿Cuál es un sinónimo de la palabra *necesiten*?

Ⓐ vean
Ⓑ requieran
Ⓒ alcancen
Ⓓ involucren

5. ¿Qué quiere decir *idioma nativo* en el texto?

Ⓐ el idioma de un niño
Ⓑ el idioma de un lugar específico
Ⓒ el idioma de los ricos
Ⓓ el lenguaje de la naturaleza

1. Ⓢ Ⓝ
2. Ⓢ Ⓝ
3. Ⓢ Ⓝ
4. Ⓢ Ⓝ
5. Ⓢ Ⓝ

___ / 5
Total

NOMBRE: _____ FECHA: _____

INSTRUCCIONES   Lee el texto y luego responde las preguntas.

El calentamiento global es un problema grave. A medida que el planeta se calienta, los glaciares se derriten. Esto provoca el aumento de las aguas del océano. Algunos pueblos se encuentran justo en la costa. Las personas que viven en estas áreas costeras viven nerviosas a causa de los niveles del agua. Sus pueblos podrían quedar cubiertos por el agua. Muchas personas están haciendo lo que está a su alcance para revertir estos cambios.

1. Ⓢ Ⓝ

2. Ⓢ Ⓝ

3. Ⓢ Ⓝ

4. Ⓢ Ⓝ

5. Ⓢ Ⓝ

___ / 5
Total

1. ¿Qué frase del texto cuenta más al lector sobre este texto?

Ⓐ los glaciares se derriten

Ⓑ justo en la costa

Ⓒ revertir estos cambios

Ⓓ el calentamiento global es un problema grave

2. ¿Qué título va mejor con este texto?

Ⓐ Glaciares cambiantes

Ⓑ Daños provocados por el calentamiento global

Ⓒ Ola de calor

Ⓓ El ciclo del agua

3. ¿Qué palabra tiene la misma raíz que *haciendo*?

Ⓐ factible

Ⓑ hacer

Ⓒ rosquilla

Ⓓ viajar

4. ¿Cuál de los siguientes **no** es un sinónimo de *entero*?

Ⓐ por completo

Ⓑ en parte

Ⓒ en su totalidad

Ⓓ todo

5. ¿Qué significa la expresión *para revertir estos cambios*?

Ⓐ solucionar un problema

Ⓑ moverse hacia atrás

Ⓒ dar vueltas

Ⓓ entregar dinero

NOMBRE: _____ **FECHA:** _____

INSTRUCCIONES Lee el texto y luego responde las preguntas.

Una *reserva natural* es un área de tierra. Está apartada para conservar la vida silvestre. Las personas no pueden construir ni establecerse allí. No se permite cazar ni pescar. Las reservas son lugares seguros donde la vida silvestre puede vivir. Ayudan a las especies que están muriendo. Protegen especies en peligro de extinción.

1. (S)(N)

2. (S)(N)

3. (S)(N)

1. ¿Cuál es el mejor resumen del texto?

(A) En este texto se describe dónde se encuentran las reservas naturales.

(B) En este texto se describe por qué las reservas naturales son tan importantes.

(C) En este texto se describe por qué las reservas naturales no funcionan.

(D) En este texto se describen por qué las reservas naturales son lo mismo que los parques nacionales.

2. ¿Qué encabezado indica la idea principal?

(A) Zona de vida silvestre

(B) Especies en peligro de extinción

(C) Protección en las reservas naturales

(D) Administración de la tierra

3. ¿Qué palabra tiene la misma raíz que *permitido*?

(A) unir

(B) permiso

(C) bajo

(D) modesto

4. ¿Cuál es el antónimo de la palabra *protegen*?

(A) defienden

(B) atacan

(C) miran

(D) mantienen

5. ¿Qué significa la palabra *muriendo* en este texto?

(A) moviéndose

(B) extinguiéndose

(C) muriendo rápidamente

(D) saliendo

4. (S)(N)

5. (S)(N)

___ / 5

Total

NOMBRE: _____ **FECHA:**_____

Islandia

Islandia es un país de Europa. Se encuentra en una parte del mundo que es única. Islandia es el país más al occidente de Europa. Está rodeado de agua. La capital es Reikiavik.

El paisaje de Islandia es sobresaliente. Parte de la isla está cubierta por hielo glacial. Parte de la costa está creada por *fiordos*. Estos son golfos profundos. Están formados por los glaciares.

Islandia

Islandia es una isla volcánica. Hay muchos volcanes allí. Recientemente, se han producido erupciones. La última erupción importante se produjo en el año 2010. Esta hizo volar cenizas por el cielo. El humo hizo que el aire quedara turbio. A los aviones les resultaba difícil volar por Europa.

Los habitantes de Islandia cuidan de su hermoso territorio. Hay parques nacionales. También hay muchas reservas naturales. Estas áreas están protegidas. Las plantas y los animales también están protegidos. ¡Esto incluye a los renos! Hay renos en Islandia.

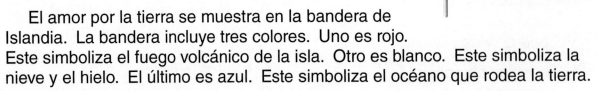

El amor por la tierra se muestra en la bandera de Islandia. La bandera incluye tres colores. Uno es rojo. Este simboliza el fuego volcánico de la isla. Otro es blanco. Este simboliza la nieve y el hielo. El último es azul. Este simboliza el océano que rodea la tierra.

Los islandeses hablan islandés. También aprenden inglés. Son personas orgullosas. Islandia es bastante pequeño. No tiene una gran cantidad de habitantes. La cultura se comparte con un grupo reducido de personas. Sin embargo, este es un lugar especial por muchos motivos.

NOMBRE: _____ **FECHA:** _____

INSTRUCCIONES Lee "Islandia" y luego responde las preguntas.

1. ¿Qué predicción se basa en el título y la imagen?

(A) El texto trata sobre una tierra cubierta de hielo.

(B) El texto trata sobre el clima helado.

(C) El texto trata sobre un país que se llama Islandia.

(D) El texto trata sobre la elaboración de mapas.

2. ¿Cuál es el propósito del autor?

(A) compartir información sobre mapas

(B) dar opiniones sobre la vida en Islandia

(C) persuadir a los lectores para que les gusten los volcanes

(D) compartir información sobre Islandia

3. ¿Qué enunciado demuestra conocimientos previos relacionados con el texto?

(A) Vi un reno en mi libro de Navidad.

(B) He visto una imagen de fiordos en Islandia.

(C) Soy rubio y de tez blanca.

(D) Este texto me recuerda que mi familia habla español e inglés.

4. ¿Qué enunciado sobre el orden de este texto es verdadero?

(A) Es una historia secuencial de Islandia.

(B) En cada párrafo, se brinda un dato diferente sobre Islandia.

(C) El autor comparó y contrastó Islandia y Groenlandia.

(D) En los párrafos solamente se trata sobre el paisaje de Islandia.

5. ¿Cuál es la idea principal?

(A) Islandia es un país fascinante con un paisaje único.

(B) Islandia es un país de Europa.

(C) Islandia tiene una bandera con tres colores.

(D) Islandia es un país pequeño con una población reducida.

6. ¿Qué detalle describe el paisaje único?

(A) La bandera incluye tres colores.

(B) Hay renos en Islandia.

(C) Parte de la isla está cubierta por hielo glacial.

(D) Los islandeses hablan islandés.

1. Ⓢ Ⓝ

2. Ⓢ Ⓝ

3. Ⓢ Ⓝ

4. Ⓢ Ⓝ

5. Ⓢ Ⓝ

6. Ⓢ Ⓝ

___ / 6

Total

NOMBRE: _____ FECHA:_____

PUNTAJE

___ / 4

INSTRUCCIONES Vuelve a leer "Islandia". Luego, lee la instrucción y responde en las líneas a continuación.

Piensa en los aspectos que hacen que Islandia sea única y especial. ¿Qué conexiones puedes hacer entre Islandia y otro país? ¿Cuáles son las similitudes entre los dos lugares?

_____

_____

_____

_____

_____

_____

_____

_____

_____

_____

_____

_____

_____

_____

NOMBRE: _____ **FECHA:**_____

INSTRUCCIONES Lee el texto y luego responde las preguntas.

Tim tenía que aprender las operaciones de multiplicación, por lo que su mamá pasó tiempo con él todos los días trabajando con este objetivo. Usó tarjetas y practicó realmente mucho. Quería saber las operaciones mejor que cualquier otro de su clase, por lo que practicó durante semanas. Después de alrededor de dos meses, Tim realizó un examen cronometrado en la escuela. ¡Le fue muy bien, así que su trabajo arduo tuvo recompensa!

1. ¿Qué opción resume mejor el texto?

Ⓐ Tim aprende las operaciones de multiplicación.

Ⓑ A Tim le va bien en la escuela.

Ⓒ El trabajo arduo tiene recompensa.

Ⓓ Tim estudió durante meses.

2. ¿Cómo cambia el personaje principal desde la introducción hasta el final del texto?

Ⓐ Olvida las operaciones de multiplicación luego de estudiarlas.

Ⓑ Estudia para realizar un examen, así que le va bien.

Ⓒ Pasa más tiempo con su madre.

Ⓓ Se desalienta en lo que respecta a las operaciones de multiplicación y le va mal en el examen de matemáticas.

3. ¿A qué palabra del texto se le podría agregar –so al final para crear una nueva palabra?

Ⓐ objetivo

Ⓑ trabajo

Ⓒ recompensa

Ⓓ operación

4. Según las pistas contextuales, ¿cuál es el significado de la palabra *objetivo* en el texto?

Ⓐ azotar

Ⓑ lente o sistema de lentes

Ⓒ algo qué alguien quiere lograr

Ⓓ blanco para ejercitarse en el tiro

5. ¿Qué significa la frase *tuvo recompensa*?

Ⓐ costó mucho dinero

Ⓑ valió la pena y funcionó bien

Ⓒ fue demasiado cansador

Ⓓ mereció cierto cambio

1. Ⓢ Ⓝ

2. Ⓢ Ⓝ

3. Ⓢ Ⓝ

4. Ⓢ Ⓝ

5. Ⓢ Ⓝ

___ / 5
Total

NOMBRE: _____ FECHA:_____

INSTRUCCIONES Lee el texto y luego responde las preguntas.

Mi maestra dice que las matemáticas están relacionadas. Dice que la suma y la multiplicación son similares. No veo cómo puede ser posible. Luego, usa imágenes para mostrarnos. Nos muestra cómo contar grupos juntos. La multiplicación implica sumar grupos juntos. Eso tiene mucho sentido. ¡Lo recordaré cuando tenga que resolver problemas de matemáticas de tarea!

1. ¿Qué título va mejor con este texto?

- Ⓐ Cómo contar los números
- Ⓑ Grupos
- Ⓒ Operaciones de multiplicación
- Ⓓ Conexiones en matemáticas

2. ¿Quién es el narrador?

- Ⓐ una maestra
- Ⓑ un padre
- Ⓒ un estudiante
- Ⓓ un experto en matemáticas

3. ¿Qué sufijo se puede agregar a *contar* para crear una nueva palabra?

- Ⓐ *–mente*
- Ⓑ *–se*
- Ⓒ *–ado*
- Ⓓ *–ción*

4. ¿Cuál es la definición de *resolver* tal como se usa en este texto?

- Ⓐ encontrar una respuesta a un problema de matemáticas
- Ⓑ ordenar
- Ⓒ encontrar una respuesta a un acertijo
- Ⓓ lidiar con un problema

5. ¿Qué otro tipo de texto es más similar a este texto?

- Ⓐ una revista de farándula
- Ⓑ un periódico
- Ⓒ un libro de texto
- Ⓓ un diario personal

NOMBRE: _____ **FECHA:** _____

INSTRUCCIONES   Lee el texto y luego responde las preguntas.

Ana estaba en el carnaval con su familia. Quería jugar juegos con su papá. ¡Realmente quería ganar un premio! Su papá puso mucho empeño y, finalmente, ¡fue el ganador! Ana tenía que elegir un premio, pero no podía decidirse entre una caja alta o una caja plana de golosinas. Su papá le dijo que las dos cajas tenían la misma cantidad. Una tenía dos hileras de seis y la otra tenía tres hileras de cuatro. ¡Ambas cajas tenían doce golosinas!

1. Ⓢ Ⓝ

2. Ⓢ Ⓝ

3. Ⓢ Ⓝ

4. Ⓢ Ⓝ

5. Ⓢ Ⓝ

1. ¿Qué enunciado muestra que el lector puede usar la primera oración para anticipar el texto de manera precisa?

Ⓐ Esta historia trata sobre una niña que va al carnaval sola.

Ⓑ Esta historia trata sobre una niña que está a cargo del carnaval.

Ⓒ Esta historia trata sobre una niña que va a una fiesta con su familia.

Ⓓ Esta historia trata sobre una niña que va al carnaval con su familia.

2. ¿Quiénes son los dos personajes principales?

Ⓐ Ana y su hermana

Ⓑ Ana y su mamá

Ⓒ Ana y su papá

Ⓓ La mamá y el papá de Ana

3. ¿A qué palabra del texto se le podría agregar el prefijo re– para crear una nueva palabra?

Ⓐ familia

Ⓑ ganar

Ⓒ gordo

Ⓓ partir

4. ¿Cuál es un sinónimo de decidir?

Ⓐ posponer

Ⓑ determinar

Ⓒ aceptar

Ⓓ reorganizar

5. ¿Qué palabra se usa para hacer énfasis en las ganas que tenía Ana de ganar un premio?

Ⓐ realmente

Ⓑ papá

Ⓒ alta

Ⓓ jugar

___ / 5

Total

NOMBRE: _____ **FECHA:** _____

La fábrica de crayones

La gerente de una fábrica de crayones tenía que diseñar nuevas cajas de crayones. Tenía que decidir cuántos crayones se incluirían en cada caja. Esto también significaba elegir cuántas hileras habría en cada caja. Esto era difícil. Tenía que tomar decisiones para cuatro diseños. ¡En cada diseño, había que usar la misma cantidad de crayones!

El personal de la fábrica le dio a la gerente algunas ideas. Le comentaron que usaron la multiplicación para solucionarlo. En primer lugar, decidieron que en cada caja habría cuarenta y ocho crayones. Luego, analizaron de qué manera cuarenta y ocho crayones podrían caber en cajas de diferentes tamaños.

Primero, Bob sugirió una caja con seis hileras. Dijo que habría ocho crayones en cada hilera. El grupo controló el trabajo de Bob. Se dieron cuenta de que esta caja contendría cuarenta y ocho crayones. Aprobaron su idea.

A continuación, Mei sugirió una caja de cuatro hileras. Dijo que habría doce crayones en cada fila. Algunas personas no creían que en esta caja habría la misma cantidad de crayones que en la caja de Bob. Después de realizar las operaciones matemáticas, todos se dieron cuenta de que la idea de Mei también era correcta.

Alberto decidió compartir su idea. Quería crear una caja más grande para los crayones. Quería que la caja incluyera solo tres hileras. Él pensaba que habría dieciséis crayones en cada fila. Al grupo le gustó esta idea.

Nadie estaba seguro de si había alguna otra opción. ¿De qué otra manera podrían incluir cuarenta y ocho crayones? Sam tenía una idea más. Pensó al respecto y se dio cuenta que otra caja más grande podría incluir dos hileras con veinticuatro crayones en cada una. Todos estuvieron de acuerdo con que esta caja podría resultar extraña, pero no tenían dudas de que incluiría cuarenta y ocho crayones.

El personal estaba orgulloso de sus ideas y la gerente estaba feliz de haber recibido aportes de los demás. Ahora, tenían que decidir cómo elaborar estos nuevos tipos de cajas. ¡Al menos habían terminado con la parte difícil!

126831—180 Days of Reading—Spanish

NOMBRE: _____ **FECHA:** _____

INSTRUCCIONES Lee "La fábrica de crayones" y luego responde las preguntas.

1. ¿Qué podría aprender un lector al leer este texto?

Ⓐ Los crayones son difíciles de fabricar.

Ⓑ Hay ciertos problemas de multiplicación que son equivalentes.

Ⓒ El personal de la fábrica trabaja para un gerente.

Ⓓ Trabajar en equipo no es divertido.

2. ¿Por qué el autor incluyó matemáticas en este texto?

Ⓐ para que la historia fuera más divertida

Ⓑ para comparar la multiplicación con la resta

Ⓒ para explicar un problema real en la fábrica de crayones local

Ⓓ para mostrar la relación entre las matemáticas y la vida real

3. ¿Qué enunciado tiene conexión con el texto?

Ⓐ Sumé mis marcadores y tengo 213.

Ⓑ Mi papá trabaja como miembro del personal.

Ⓒ Esto me recuerda la formación de matrices para las operaciones de multiplicación.

Ⓓ Me gusta el rojo.

4. ¿Qué palabra describe mejor al personal que trabaja en la fábrica?

Ⓐ enojado

Ⓑ perezoso

Ⓒ cooperativo

Ⓓ mezquino

5. ¿Qué tema importante se comparte en este texto?

Ⓐ Un equipo que trabaja en conjunto puede resolver muchos problemas.

Ⓑ El personal de una fábrica tiene que tomar grandes decisiones.

Ⓒ Los crayones son muy populares.

Ⓓ Tus compañeros de trabajo no son tus amigos.

6. ¿Qué historia reconocida también se relaciona con el trabajo en equipo?

Ⓐ "Los tres cerditos"

Ⓑ "El príncipe rana"

Ⓒ "La Cenicienta"

Ⓓ "Jack y las habichuelas mágicas"

1. Ⓢ Ⓝ

2. Ⓢ Ⓝ

3. Ⓢ Ⓝ

4. Ⓢ Ⓝ

5. Ⓢ Ⓝ

6. Ⓢ Ⓝ

___ / 6

Total

NOMBRE: _____ **FECHA:** _____

INSTRUCCIONES Vuelve a leer "La fábrica de crayones". Luego, lee la instrucción y responde en las líneas a continuación.

Piensa en el modo en que los trabajadores de la fábrica de crayones usan las matemáticas para ayudar a resolver un problema. Explica con tus propias palabras de qué manera sus soluciones tienen sentido. ¿Cómo sabes que las matemáticas que usan son correctas?

_____

_____

_____

_____

_____

_____

_____

_____

_____

_____

_____

_____

_____

_____

_____

_____

_____

NOMBRE: _____ **FECHA:**_____

INSTRUCCIONES   Lee el texto y luego responde las preguntas.

¿Qué es *metabolismo*? Es el proceso por el cual las sustancias químicas descomponen los alimentos. Los alimentos se convierten en energía. Algunos animales pueden reducir la velocidad de su metabolismo. Lo hacen cuando hibernan. Pero los animales no necesitan alimentos mientras descansan. No usan mucha energía. Un metabolismo más lento les ayuda a conservar energía.

1. Ⓢ Ⓝ

2. Ⓢ Ⓝ

3. Ⓢ Ⓝ

1. ¿Qué palabra brinda a un lector la mayor información sobre este texto?

Ⓐ animales

Ⓑ químico

Ⓒ uso

Ⓓ metabolismo

4. ¿Cuál es la definición de *hibernar*?

Ⓐ energía

Ⓑ un sueño profundo

Ⓒ una siesta

Ⓓ metabolismo

4. Ⓢ Ⓝ

5. Ⓢ Ⓝ

2. ¿Qué título va mejor con este texto?

Ⓐ Bajar el ritmo para hibernar

Ⓑ Poca energía

Ⓒ Dietas de animales

Ⓓ Alimentos dietéticos

5. ¿Qué palabra se define en el texto mediante una pregunta?

Ⓐ metabolismo

Ⓑ energía

Ⓒ sustancias químicas

Ⓓ hibernar

___ / 5
Total

3. ¿Qué prefijo podrías agregar a la raíz *convierten* para crear una nueva palabra?

Ⓐ *a–*

Ⓑ *bi–*

Ⓒ *re–*

Ⓓ *des–*

NOMBRE: _____ **FECHA:**_____

INSTRUCCIONES Lee el texto y luego responde las preguntas.

1. Ⓢ Ⓝ

2. Ⓢ Ⓝ

Los seres humanos no hibernan durante el invierno como lo hacen los osos. No obstante, la mayoría de las personas conserva energía cuando duerme. Los seres humanos también tienen que adaptarse al clima frío del invierno. Las personas usualmente pasan más tiempo adentro durante los meses de invierno. Es posible que lean, miren una película, se relajen o se sienten junto al fuego. Cuando el clima está lindo y cálido, la mayoría de las personas disfruta estar al aire libre.

3. Ⓢ Ⓝ

1. ¿Qué encabezado se adapta mejor a este texto?

4. Ⓢ Ⓝ

Ⓐ Relajación junto al fuego

5. Ⓢ Ⓝ

Ⓑ Invierno

Ⓒ La vida en el interior

Ⓓ ¿Los seres humanos hibernan?

___ / 5

Total

2. ¿En qué momento las personas conservan la mayor cantidad de energía?

Ⓐ mientras comen

Ⓑ mientras miran películas

Ⓒ mientras duermen

Ⓓ mientras leen

3. ¿Qué palabra del texto tiene un sufijo?

Ⓐ afuera

Ⓑ película

Ⓒ usualmente

Ⓓ conserva

4. ¿Cuál es un antónimo de *conserva*?

Ⓐ derrocha

Ⓑ comer

Ⓒ ahorra

Ⓓ hablar

5. ¿Cuál es el tono de este texto?

Ⓐ informativo

Ⓑ serio

Ⓒ divertido

Ⓓ persuasivo

NOMBRE: _____ **FECHA:** _____

INSTRUCCIONES Lee el texto y luego responde las preguntas.

Los ataques de osos a los seres humanos son bastante raros. Los osos son tímidos y no les gusta estar cerca de las personas. Algunas personas encuentran osos en estado silvestre. En algunos lugares, los osos deambulan cerca de los seres humanos para obtener alimentos. Las personas deben mantener cierta distancia de los osos. Los osos con crías son muy protectores y atacarán si sienten que hay peligro. Hacer ruido y alejarse lentamente son medidas buenas que se deben hacer en caso de ver un oso.

1. ⓈⓃ

2. ⓈⓃ

3. ⓈⓃ

1. ¿Qué tipo de imagen describiría mejor este texto a un lector?

4. ⓈⓃ

Ⓐ una imagen de un ser humano haciendo senderismo

Ⓑ una tabla que muestre cuán raros son los ataques de osos

5. ⓈⓃ

Ⓒ una fotografía de un campamento

Ⓓ un informe climático

___ / 5
Total

2. ¿Qué título va mejor con este texto?

Ⓐ Técnicas de supervivencia

Ⓑ Deambular en busca de alimento

Ⓒ Ataques de osos

Ⓓ La protección de los más pequeños

3. ¿Qué palabra es la raíz en *lentamente*?

Ⓐ entamente

Ⓑ enta

Ⓒ lenta

Ⓓ nt

4. ¿Cuál es un sinónimo de *encuentran*?

Ⓐ huelen

Ⓑ escuchan

Ⓒ dan con

Ⓓ sienten

5. ¿Qué palabra describe el tono del texto?

Ⓐ advertencia

Ⓑ serio

Ⓒ divertido

Ⓓ triste

NOMBRE: _____ **FECHA:** _____

Dormir para sobrevivir

Muchos animales toman un largo descanso durante los meses de invierno. No están durmiendo la siesta. Están *hibernando*. Esto se parece a un sueño muy profundo. Ayuda a los animales a sobrevivir. Los animales no pueden mantenerse activos durante este tiempo; de lo contrario, necesitarían buscar alimentos. Esto es muy difícil en los lugares donde está todo cubierto de nieve y hielo. También se necesita mucha energía para mantener el cuerpo caliente. Es difícil generar suficiente energía cuando no puedes encontrar alimentos.

La temperatura corporal de un animal se reduce mientras este hiberna. La respiración es más lenta. Los animales no se despiertan fácilmente. No comen ni generan desechos. Permanecen en un sueño muy profundo. El tiempo durante el que permanecen de esta manera varía de un animal a otro.

¿Qué tipos de animales hibernan? Los osos son muy eficientes a la hora de hibernar. ¡Algunos osos pueden estar así durante siete meses! Las ardillas listadas, los mapaches y los zorrillos hibernan. Los ratones, los murciélagos y los hámsteres también. Estos son algunos de todos los animales que duermen durante el invierno.

La mayoría de las personas creen que los animales solo hibernan en el invierno. Algunos animales, de hecho, hibernan en el verano. Intentan escapar del clima caluroso y seco. Es posible que también deban sobrevivir con muy poca agua o con nada de ella. Esto se llama *estivación*. Un animal que descansa en el verano es la rana. Ciertas especies de ranas se entierran. Es posible que lo hagan en la tierra, o bien debajo de un tronco o una roca. Algunas encuentran un estanque seco en el cual meterse. Las ranas son animales de sangre fría. No pueden mantenerse más calientes o más frescas que el entorno. Cuando es un día muy caluroso, las ranas no pueden mantenerse lo suficientemente frescas para sobrevivir. La estivación las ayuda a mantenerse vivas.

Estos dos tipos de comportamiento ayudan a los animales a sobrevivir. Se adaptan a su entorno. Aprenden cómo mantenerse vivos en climas severos.

NOMBRE: _____ **FECHA:** _____

INSTRUCCIONES Lee "Dormir para sobrevivir" y luego responde las preguntas.

1. ¿Cuál es el propósito de leer este texto?

Ⓐ entretenerse

Ⓑ ser persuadido para creer en algo

Ⓒ estar informado sobre los animales

Ⓓ estar informado sobre la hibernación y la estivación

2. ¿Qué quiere enseñarle el autor al lector de este texto?

Ⓐ que los animales pueden morir con facilidad cuando hibernan

Ⓑ que los animales hibernan para ser mejores depredadores

Ⓒ que los animales hibernan en el invierno y estivan en el verano

Ⓓ que algunos animales hibernan porque todos los demás animales también lo hacen

3. ¿Qué enunciado refleja conocimientos previos relacionados con el texto?

Ⓐ No sé cuál es la diferencia entre las ardillas listadas y las ardillas.

Ⓑ He estudiado los patrones de hibernación de los osos.

Ⓒ He hecho senderismo por el bosque en invierno.

Ⓓ Creo que las ranas y los sapos son lo mismo.

4. ¿Qué temas se comparan en este texto?

Ⓐ los animales que hibernan y los animales que no hibernan

Ⓑ los animales que hibernan en el invierno y los animales que estivan en el verano

Ⓒ los osos y las ardillas listadas

Ⓓ los animales que hibernan y los animales que duermen siesta

5. ¿Cuál es la idea más importante en este texto?

Ⓐ La hibernación confunde a los animales.

Ⓑ La hibernación daña a los animales.

Ⓒ La hibernación y la estivación ayudan a los animales a sobrevivir.

Ⓓ La hibernación calma a los animales.

6. ¿Cómo ayuda la hibernación a que los animales sobrevivan?

Ⓐ Reduce su metabolismo.

Ⓑ Evita que coman cuando los alimentos son escasos.

Ⓒ Conserva su energía cuando hace frío o está nevado.

Ⓓ todas las opciones anteriores

PUNTAJE

1. Ⓢ Ⓝ

2. Ⓢ Ⓝ

3. Ⓢ Ⓝ

4. Ⓢ Ⓝ

5. Ⓢ Ⓝ

6. Ⓢ Ⓝ

___ / 6

Total

NOMBRE: _____ **FECHA:** _____

INSTRUCCIONES Vuelve a leer "Dormir para sobrevivir". Luego, lee la instrucción y responde en las líneas a continuación.

Piensa en por qué los animales estivan en el verano o hibernan en el invierno. ¿Cuáles son las diferencias y las similitudes entre ellos?

_____

_____

_____

_____

_____

_____

_____

_____

_____

_____

_____

_____

_____

_____

_____

_____

NOMBRE: _____ **FECHA:** _____

Lee el texto y luego responde las preguntas.

Stacy estaba aprendiendo sobre fábulas en la escuela. Nunca antes había leído una. Las *fábulas* son historias de ficción. Las fábulas pueden incluir animales o plantas como personajes. Puede haber criaturas ficticias. Los personajes actúan como seres humanos. Las fábulas tienen una *moraleja*, o una lección. Stacy disfrutó de leer este tipo de historias de fantasía, ¡le encantó que los animales hablaran!

1. Ⓢ Ⓝ

2. Ⓢ Ⓝ

3. Ⓢ Ⓝ

1. ¿Qué título va mejor con este texto?

Ⓐ Animales que hablan

Ⓑ Personajes de fábula

Ⓒ Los favoritos de Stacy

Ⓓ Personajes de historia

4. ¿Cuál es el significado de la palabra *ficticias* en este texto?

Ⓐ alienígenas

Ⓑ vivas

Ⓒ de ficción

Ⓓ mezquinas

4. Ⓢ Ⓝ

5. Ⓢ Ⓝ

2. ¿Por qué Stacy disfrutó leer fábulas?

Ⓐ Tienen personajes divertidos que actúan como seres humanos.

Ⓑ Son historias ficticias.

Ⓒ Son populares.

Ⓓ Tienen magia.

5. ¿Qué te indica el lenguaje de este texto sobre Stacy?

Ⓐ No le gustaba la escuela.

Ⓑ Era una niña graciosa.

Ⓒ No leía mucho.

Ⓓ Le dio alegría conocer este nuevo tipo de historia.

___ / 5

Total

3. ¿Qué palabra incluye el mismo prefijo *dis–* que *disfrutó*?

Ⓐ diseño

Ⓑ disparar

Ⓒ extremo

Ⓓ distancia

NOMBRE: _____ FECHA:_____

PUNTAJE

INSTRUCCIONES Lee el texto y luego responde las preguntas.

1. Ⓢ Ⓝ

2. Ⓢ Ⓝ

3. Ⓢ Ⓝ

Lin siempre trataba de quedarse en casa en lugar de ir a la escuela. Le gustaba quedarse en casa porque miraba películas y descansaba. Muchos días se quejaba de dolor de estómago. Su padre le permitía quedarse en casa. Después de un tiempo, su padre se dio cuenta de que Lin no estaba diciendo la verdad. Un día, cuando pidió quedarse en casa, su padre le dijo: "Tienes que ir a la escuela". Lin estaba enojada porque realmente le dolía el estómago ese día, pero había usado esa excusa demasiadas veces.

4. Ⓢ Ⓝ

1. ¿Qué título se adapta mejor al texto?

Ⓐ No más excusas

Ⓑ El día de descanso de Lin

5. Ⓢ Ⓝ

Ⓒ Dolor de estómago

Ⓓ Día de cine

___ / 5
Total

2. ¿Qué historia es similar a este texto?

Ⓐ "La Cenicienta"

Ⓑ "El pastorcito mentiroso"

Ⓒ "Jack y las habichuelas mágicas"

Ⓓ "Hansel y Gretel"

3. ¿Qué palabra tiene la misma raíz que *realmente*?

Ⓐ fácilmente

Ⓑ irreal

Ⓒ aliado

Ⓓ cálculo

4. ¿Dónde podría buscar un lector para encontrar sinónimos para *quejaba*?

Ⓐ un tesauro

Ⓑ una enciclopedia

Ⓒ un atlas

Ⓓ un diccionario

5. ¿Qué quiere decir *usado esa excusa*?

Ⓐ pidió perdón

Ⓑ mintió y dio motivos falsos

Ⓒ gritó

Ⓓ abandonó la casa

NOMBRE: _____ **FECHA:** _____

INSTRUCCIONES Lee el texto y luego responde las preguntas.

El granjero y su esposa estaban preocupados por sus cultivos. El invierno y la primavera habían sido muy secos, y las personas asumían que habría una sequía en el verano. Estas eran malas noticias para los granjeros del área. No era fácil plantar semillas en tierra dura y seca. "Si solo tuviéramos toneladas de dinero en el banco", deseó el granjero.

1. Ⓢ Ⓝ

2. Ⓢ Ⓝ

3. Ⓢ Ⓝ

1. ¿Qué imagen describiría mejor este texto a un lector?

Ⓐ una imagen de una escena invernal

Ⓑ una imagen de cultivos marchitándose

Ⓒ una imagen de un ganso

Ⓓ una imagen de un tractor

4. ¿Dónde podría buscar un lector para encontrar la definición de *sequía*?

Ⓐ un tesauro

Ⓑ una enciclopedia

Ⓒ un atlas

Ⓓ un diccionario

4. Ⓢ Ⓝ

5. Ⓢ Ⓝ

2. ¿Qué palabra describe mejor a los personajes principales?

Ⓐ enojados

Ⓑ preocupados

Ⓒ confundidos

Ⓓ eufóricos

5. Vuelve a leer la última oración. ¿Qué figura retórica contiene esta oración?

Ⓐ un símil

Ⓑ personificación

Ⓒ aliteración

Ⓓ hipérbole

___ / 5

Total

3. ¿Qué palabra incluye la misma raíz que *deseó*?

Ⓐ desesperó

Ⓑ incorporó

Ⓒ desea

Ⓓ lavó

NOMBRE: _____ **FECHA:** _____

La parte del león

Un día, un león, un zorro, un chacal y un lobo fueron a cazar juntos. Cazaron toda la mañana. Pero no pudieron encontrar nada que los satisficiera. Fue muy entrada la tarde cuando finalmente cazaron un venado. Las cuatro bestias rodearon al pobre animal. Lo mataron lo más rápido que pudieron. Luego, decidieron compartir el alimento.

El león era el rey de la selva. Era superior a todos en fortaleza. Así que las otras criaturas estuvieron de acuerdo cuando este propuso compartir el alimento entre todos. Con una de las garras sobre el venado, el león dijo: "Claramente, como miembro del grupo de caza, tengo derecho a recibir una de estas partes".

Los demás asintieron a modo de acuerdo. "Pero también soy el rey de las bestias. Por eso, debo recibir otra parte", declaró. Los otros se miraron entre ellos con ansiedad. "Y además, fui quien lideró la caza. Así que merezco una tercera porción", proclamó.

Los otros balbucearon algo, pero no se pudo escuchar. "Con respecto a la cuarta parte, si desean pelear conmigo respecto de quién será el dueño, comencemos y veremos quién la obtendrá".

"Eh", se quejaron los demás. Se alejaron cabizbajos. Sabían que no tenía sentido pelear por sus partes.

Moraleja: Puedes compartir el trabajo de los grandes, pero no puedes compartir el botín.

NOMBRE: _____ FECHA:_____

| INSTRUCCIONES | Lee "La parte del león" y luego responde las preguntas. |

1. ¿Qué propósito de la lectura de esta fábula tiene mayor sentido?

Ⓐ conocer la perspectiva del venado

Ⓑ estar entretenido y aprender una lección al final

Ⓒ aprender sobre caza

Ⓓ entender cómo los animales actúan en conjunto en estado silvestre

2. ¿Cuántas partes de alimento recibió el león?

Ⓐ una parte

Ⓑ dos partes

Ⓒ tres partes

Ⓓ todas las partes

3. ¿Qué enunciado muestra una conexión con la moraleja?

Ⓐ Vi un zorro y un lobo en el zoológico.

Ⓑ Mi perro y mi gato pelean para ver quién se puede recostar debajo de la mesa.

Ⓒ Mi hermano mayor me obligó a ayudarlo con los mandados, pero no me dio parte de su paga.

Ⓓ Mis padres no me dejan comer todo el postre que comen ellos.

4. ¿Qué palabra describe al personaje del león?

Ⓐ amigable

Ⓑ poco confiable

Ⓒ generoso

Ⓓ inquieto

5. ¿Qué tema se relaciona con el zorro, el chacal y el lobo?

Ⓐ No siempre se debe confiar en los superiores.

Ⓑ No se debe cazar cuando cae la noche.

Ⓒ Matar otros animales es erróneo.

Ⓓ Con el trabajo en equipo no llegarás a ninguna parte.

6. ¿Qué tipo de texto se relaciona más con "La parte del león"?

Ⓐ una historia de ficción que se produce en un safari africano

Ⓑ un texto de no ficción sobre la protección de las especies en peligro de extinción

Ⓒ un texto de no ficción sobre la dieta de los leones

Ⓓ una historia de ficción sobre un amigo que es líder de un grupo y toma decisiones por los otros niños

1. ⓈⓃ

2. ⓈⓃ

3. ⓈⓃ

4. ⓈⓃ

5. ⓈⓃ

6. ⓈⓃ

___ / 6
Total

NOMBRE: _____ **FECHA:**_____

PUNTAJE

___ / 4

INSTRUCCIONES Vuelve a leer "La parte del león". Luego, lee la instrucción y responde en las líneas a continuación.

Vuelve a leer la moraleja de esta fábula. ¿Te parece que esta lección es justa? Explica tu razonamiento.

_____

_____

_____

_____

_____

_____

_____

_____

_____

_____

_____

_____

_____

_____

_____

_____

NOMBRE: _____ **FECHA:** _____

INSTRUCCIONES Lee el texto y luego responde las preguntas.

Sacajawea desempeñó una función importante en la historia. Era una indígena norteamericana. Hizo un viaje con Lewis y Clark. La mayoría de las personas creen que se unió a ellos gracias a su esposo. Él era traductor. Trabajaba para el grupo. Ellos necesitaban ayuda para hablar con diferentes tribus. Sacajawea también ayudó. Conocía el paisaje. También podía hablar con otros indígenas norteamericanos. Esto ayudó a que el grupo hiciera negocios y encontrara alimentos.

1. (S)(N)

2. (S)(N)

3. (S)(N)

1. ¿Sobre qué trata este texto?

(A) Lewis

(B) Sacajawea

(C) Clark

(D) indígenas norteamericanos

2. ¿Qué título describe mejor la idea principal?

(A) El sacrificio de Sacajawea

(B) El esposo de Sacajawea

(C) La contribución de Sacajawea

(D) Idioma tribal

3. ¿A qué palabra se podría agregar el prefijo *des–* para crear otra palabra?

(A) juntar

(B) hablar

(C) creer

(D) alimentos

4. ¿Cuál de las siguientes es otra forma del verbo *hablar*?

(A) acelerar

(B) conversar

(C) máximo

(D) habló

5. ¿Qué palabra describe el tono del texto?

(A) informativo

(B) ridículo

(C) divertido

(D) falso

4. (S)(N)

5. (S)(N)

___ / 5

Total

NOMBRE: _____ **FECHA:** _____

PUNTAJE

INSTRUCCIONES   Lee el texto y luego responde las preguntas.

1. Ⓢ Ⓝ

Lewis y Clark aprendieron mucho sobre la tierra de la región. Observaron muchas plantas y animales nuevos. Obtuvieron datos sobre estas nuevas especies. Se llevaron esa información a casa. Querían compartirla con otros. Lewis y Clark fueron los primeros en descubrir la urraca. Vieron estos pájaros en 1804.

2. Ⓢ Ⓝ

1. ¿Qué enunciado muestra una conexión con el texto?

3. Ⓢ Ⓝ

Ⓐ La Sra. Lewis es mi maestra de piano.

Ⓑ Creo que las palomas son irritantes.

4. Ⓢ Ⓝ

Ⓒ Me gusta advertir cosas en la naturaleza como lo hicieron Lewis y Clark.

5. Ⓢ Ⓝ

Ⓓ Quiero una nueva mascota en mi hogar.

___ / 5
Total

2. ¿Qué título de capítulo va mejor con este texto?

Ⓐ Un mapa del viaje de Lewis y Clark

Ⓑ Observaciones de Lewis y Clark

Ⓒ El fin de una expedición

Ⓓ Plantas en el oeste

3. ¿A qué raíz se podría agregar el prefijo re– para crear otra palabra?

Ⓐ tres

Ⓑ primer

Ⓒ descubrir

Ⓓ pájaro

4. ¿Cuál es un sinónimo de *obtuvieron*?

Ⓐ compararon

Ⓑ pelearon

Ⓒ advirtieron

Ⓓ consiguieron

5. ¿Qué te indica el lenguaje sobre el propósito del autor?

Ⓐ El lenguaje es personal, por lo que las personas sentirán como si conocieran a Lewis y Clark.

Ⓑ El lenguaje es fáctico, por lo que las personas aprenderán más sobre Lewis y Clark.

Ⓒ El lenguaje es divertido, por lo que las personas se reirán de Lewis y Clark.

Ⓓ El lenguaje es persuasivo, por lo que las personas creerán cosas sobre Lewis y Clark.

NOMBRE: _____ FECHA:_____

INSTRUCCIONES Lee el texto y luego responde las preguntas.

Thomas Jefferson fue el tercer presidente. Soñaba con explorar el oeste. Durante años, trató de encontrar una manera de organizar un grupo de exploración. Lewis y Clark fueron uno de los grupos que él envió para obtener datos sobre esta nueva tierra. Ordenó que otros grupos fueran a otras partes del país. Quería que el país se extendiera hasta la costa oeste. Muchos años después, eso fue lo que sucedió.

1. ¿Qué tipo de ayuda visual brindaría más información sobre este texto?

(A) una imagen de la Casa Blanca

(B) un mapa de los Estados Unidos

(C) un retrato de George Washington

(D) una tabla que muestre cuánto dinero les pagó Jefferson a Lewis y Clark

2. ¿Qué entrada de índice ayudaría a un lector a ubicar esta información?

(A) Jefferson en la guerra

(B) la presidencia de Jefferson

(C) la función de Jefferson en las expediciones

(D) la niñez de Jefferson

3. ¿Qué palabra es la raíz en *exploración*?

(A) caer

(B) polar

(C) explotar

(D) explorar

4. ¿Cuáles de estas palabras son sinónimos?

(A) *soñaba* y *lugares*

(B) *extendiera* y *estirara*

(C) *organizar* y *sucedió*

(D) *ordenó* y *envió*

5. ¿A qué hace referencia la frase *eso fue lo que sucedió*?

(A) Thomas Jefferson murió.

(B) El país se extendió hasta la costa oeste.

(C) Thomas Jefferson exploró el oeste por sus propios medios.

(D) Thomas Jefferson se reunió con Lewis y Clark.

1. (S)(N)

2. (S)(N)

3. (S)(N)

4. (S)(N)

5. (S)(N)

___ / 5

Total

NOMBRE: _____ FECHA:_____

Lewis y Clark

Hace más de 200 años, las personas no sabían mucho sobre la parte oeste de los Estados Unidos. Viajar al oeste era una aventura emocionante. También era un viaje difícil.

Dos exploradores famosos hicieron ese viaje. Se llamaban Meriwether Lewis y William Clark. Viajaron cuando se conocía poco sobre el oeste. No había mapas que les indicaran el camino. Su objetivo era llegar al océano Pacífico.

Lewis y Clark comenzaron el viaje en 1804. No eran solamente dos hombres haciendo todo el trabajo en este viaje. Llevaron muchas personas consigo para ayudar. Más de cuarenta personas se unieron a Lewis y Clark. Empacaron grandes cantidades de alimentos y suministros para todo el grupo.

Lewis y Clark mantuvieron buenos registros de su recorrido. Ambos registraron detalladamente los lugares adonde fueron. Clark elaboró mapas del recorrido. Los mapas mostraban la ruta que siguieron, así como los ríos y las montañas que cruzaron. Lewis anotó en un diario el recorrido y los lugares donde permanecieron. También registró información sobre las plantas y los animales que vieron por el camino.

Muchos indígenas norteamericanos ayudaron a Lewis y a Clark durante el viaje. Trabajaron como guías para mostrarles a los exploradores adónde ir. También ayudaron al grupo a encontrar alimentos y otros suministros.

Finalmente, Lewis y Clark llegaron a la costa oceánica. Habían estado viajando durante más de un año. Estaban entusiasmados por ver el océano Pacífico. También estaban ansiosos por regresar a casa. El grupo sabía que tenía otro largo viaje para regresar a Misuri. Pasaron el invierno en un área que llamaron *Fort Clatsop*. En la actualidad, esa área está en el estado de Oregón. Después de aproximadamente seis meses, comenzaron el regreso a casa.

mapa de la expedición de Lewis y Clark

Lewis y Clark les enseñaron a las personas sobre el nuevo territorio en el oeste. Sus historias y mapas fueron muy útiles para las personas que viajaron después de ellos. En la actualidad, el viaje que solía durar un año entero tomaría solo unas pocas horas en avión. Muchas cosas han cambiado desde la época de Lewis y Clark.

126831—180 Days of Reading—Spanish

NOMBRE: _____ FECHA: _____

INSTRUCCIONES   Lee "Lewis y Clark" y luego responde las preguntas.

PUNTAJE

1. ¿Qué resumen es el más preciso para el texto?

A Este trata sobre los exploradores llamados Lewis y Clark.

B Este trata sobre los hermanos llamados Lewis y Clark.

C Este trata sobre una tienda llamada Lewis y Clark.

D Este trata sobre un pueblo llamado Lewis y Clark.

2. ¿Cuál es el propósito del autor?

A enseñar a las personas sobre geografía

B informar a las personas sobre Lewis y Clark

C lograr que las personas disfruten de este texto y rían con él

D enseñar a las personas sobre los indígenas norteamericanos

3. ¿Qué enunciado tiene conexión con el texto?

A No me gusta ir en bote.

B Siempre he querido explorar el mundo y ver nuevos lugares.

C Sé que hay siete océanos.

D Vivo en el estado de Texas.

4. ¿Cómo está organizado el texto?

A Es secuencial y se explica cada paso específico que siguieron.

B Es cronológico y se explica el proceso del inicio al final.

C Compara a Lewis y Clark con otros exploradores.

D Describe el modo en que Lewis y Clark resolvieron sus problemas.

5. ¿Cuál es la idea más importante sobre Lewis y Clark?

A Aprendían sobre el oeste y compartían información con otros.

B Viajaban lentamente.

C Viajaban en tres botes.

D Querían llegar hasta el océano Pacífico.

6. ¿Qué compartieron Lewis y Clark sobre su viaje?

A cómo navegar un bote

B maneras de sobrevivir al viaje en el invierno

C datos sobre la nueva tierra en el oeste

D cómo sobrevivir al calor de los meses de verano

1. Ⓢ Ⓝ

2. Ⓢ Ⓝ

3. Ⓢ Ⓝ

4. Ⓢ Ⓝ

5. Ⓢ Ⓝ

6. Ⓢ Ⓝ

___ / 6

Total

NOMBRE: _____ **FECHA:**_____

PUNTAJE

___ / 4

INSTRUCCIONES Vuelve a leer "Lewis y Clark". Luego, lee la instrucción y responde en las líneas a continuación.

Piensa en cómo debe haber sido para Lewis y Clark ir a algún lugar por primera vez. ¿Cuándo has hecho algo por primera vez? ¿Cómo te sentiste al hacerlo?

_____

_____

_____

_____

_____

_____

_____

_____

_____

_____

_____

_____

_____

_____

_____

_____

NOMBRE: _____ **FECHA:** _____

INSTRUCCIONES Lee el texto y luego responde las preguntas.

El mapache estaba actuando de manera muy sospechosa. Los otros animales lo notaron. Finalmente, el gato le preguntó: "¿Dónde estuviste anoche?". El mapache no dijo nada. No quería que los demás descubrieran su escondite secreto. Todos los artículos que encontró en el pueblo estaban almacenados allí. Se preguntaba por cuánto tiempo podría mantener todo eso oculto.

1. ⓈⓃ

2. ⓈⓃ

3. ⓈⓃ

4. ⓈⓃ

5. ⓈⓃ

___ / 5
Total

1. ¿Qué palabra informa al lector sobre el comportamiento del personaje principal?

Ⓐ artículos

Ⓑ sospechosa

Ⓒ mapache

Ⓓ oculto

2. ¿Quién es el personaje principal?

Ⓐ el gato

Ⓑ el mapache

Ⓒ los artículos

Ⓓ el escondite secreto

3. ¿A qué raíz puedes agregar el prefijo re– para crear una nueva palabra?

Ⓐ mantener

Ⓑ descubrir

Ⓒ largo

Ⓓ secreto

4. ¿Qué crees que significa la palabra *artículos* en el texto?

Ⓐ dulces o productos especiales

Ⓑ basura

Ⓒ animales

Ⓓ amigos

5. El lenguaje usado en este texto sugiere que proviene de

Ⓐ un libro de historia.

Ⓑ una fábula.

Ⓒ un texto de no ficción.

Ⓓ un libro de imágenes sobre animales.

NOMBRE: _____ **FECHA:** _____

PUNTAJE

INSTRUCCIONES Lee el texto y luego responde las preguntas.

1. Ⓢ Ⓝ

El zorro estaba cansado de tener una reputación tan mala. Todas las criaturas del bosque le temían. Evitaban caminar al lado suyo cada día porque temían que se los comiera. La verdad era que el zorro estaba solo y ya no quería comerse a sus amigos del bosque. Simplemente, quería tener alguien con quien hablar todos los días. Estaba arrepentido por todos sus malos actos.

2. Ⓢ Ⓝ

3. Ⓢ Ⓝ

1. ¿Qué título va mejor con este texto?

Ⓐ Muchacho solitario

4. Ⓢ Ⓝ

Ⓑ Un zorro nuevo y mejorado

5. Ⓢ Ⓝ

Ⓒ Malos actos

Ⓓ Avance

___/5
Total

2. ¿Cuál es el escenario?

Ⓐ la escuela

Ⓑ un castillo

Ⓒ el bosque

Ⓓ la playa

3. ¿Cuál es la raíz de *quería*?

Ⓐ que

Ⓑ ía

Ⓒ querer

Ⓓ ría

4. ¿Quién más es probable que tenga una *mala reputación*?

Ⓐ un maestro favorito

Ⓑ una mamá que da a sus hijos un postre especial

Ⓒ un policía que trata de mantener a los niños seguros

Ⓓ un bravucón que siempre es malo con los demás niños

5. ¿Qué significa la expresión *malos actos* en el texto?

Ⓐ voz de enfado

Ⓑ errores y comportamientos malos

Ⓒ amabilidad

Ⓓ hábitos

NOMBRE: _____ **FECHA:**_____

INSTRUCCIONES Lee el texto y luego responde las preguntas.

Tres cerditos se reunieron. "Quizás, deberíamos construir una casa juntos", dijeron. Hablaron sobre los materiales y decidieron construir una casa de madera. Los cerditos sentían que la madera podría ser el material más seguro. Los tres cerditos trabajaron juntos. Construyeron una habitación para cada uno de ellos. El trabajo en equipo los ayudó a completar un proyecto satisfactorio.

1. Ⓢ Ⓝ

2. Ⓢ Ⓝ

3. Ⓢ Ⓝ

1. ¿Qué imagen describiría mejor este texto a un lector?

- Ⓐ una imagen de tres camas
- Ⓑ una imagen de un edificio
- Ⓒ una imagen de herramientas
- Ⓓ una imagen de madera

4. ¿Cuál de estas palabras significa *seguro*?

- Ⓐ colorido
- Ⓑ estable
- Ⓒ cálido
- Ⓓ dio

4. Ⓢ Ⓝ

5. Ⓢ Ⓝ

2. ¿Qué palabra describe a los personajes principales?

- Ⓐ tristes
- Ⓑ cooperativos
- Ⓒ desagradables
- Ⓓ confusos

5. ¿A qué género pertenece este texto?

- Ⓐ no ficción
- Ⓑ ficción
- Ⓒ ficción histórica
- Ⓓ expositivo

___ / 5
Total

3. ¿Qué palabra tiene la misma raíz que *decidieron*?

- Ⓐ lado
- Ⓑ decisión
- Ⓒ década
- Ⓓ decorar

NOMBRE: _____ **FECHA:**_____

La novia del señor Liebre:
Un cuento de los hermanos Grimm

Había una vez una mujer y su hija que vivían en una bonita huerta con coles. Un pequeño señor Liebre ingresó a esta y durante el invierno se comió todas las coles. La madre le pidió a la hija que ahuyentara al señor Liebre. La niña fue a la huerta. El pequeño señor Liebre dijo: "Venga, doncella. Venga conmigo a mi pequeña choza". La niña no lo hizo.

Al día siguiente, el señor Liebre regresó y se comió las coles. La madre le pidió a la hija que ahuyentara al señor Liebre. La niña fue a la huerta. El pequeño señor Liebre dijo: "Venga, doncella. Venga conmigo a mi pequeña choza". La niña se negó.

El tercer día, el señor Liebre regresó y se comió las coles. La madre le pidió a la hija que ahuyentara al señor Liebre. La niña fue a la huerta. El pequeño señor Liebre dijo: "Venga, doncella. Venga conmigo a mi pequeña choza".

La niña se sentó en la cola del pequeño señor Liebre. Luego, el señor Liebre la llevó lejos a su pequeña choza. Le dijo: "Ahora, cocínanos col verde y semillas de mijo. Yo invitaré a los invitados de nuestra boda".

Luego, llegaron todos los invitados de la boda. La niña estaba triste porque estaba sola en la cocina. El pequeño señor Liebre regresó y dijo: "Los invitados de la boda están hambrientos. La niña no dijo nada y lloró. El pequeño señor Liebre se fue. Luego regresó y dijo: "Los invitados de la boda están esperando".

La niña no dijo nada y el señor Liebre se fue. Luego, la niña vistió a una muñeca de paja con su ropa, le colocó una cuchara y la ubicó cerca de la olla con las semillas de mijo, mientras que ella regresó con su madre. El pequeño señor Liebre regresó una vez más y dijo: "¡Sirve la comida!". Se levantó y tocó a la muñeca en la cabeza, por lo que se cayó el sombrero. Entonces, el pequeño señor Liebre vio que no se trataba de su novia y se entristeció.

NOMBRE: _____ **FECHA:**_____

INSTRUCCIONES Lee "La novia del señor Liebre: Un cuento de los hermanos Grimm" y luego responde las preguntas.

1. ¿Qué predicción cambió a mitad de camino de la lectura de este texto?

Ⓐ Predije que se trataba de la boda de dos liebres, pero ahora me doy cuenta de que es una liebre y una niña.

Ⓑ Predije que se trataba de la vida en el bosque, pero ahora sé que tiene lugar en un zoológico.

Ⓒ Predije que se trataba de la boda de dos liebres, pero ahora creo que es sobre una liebre y un zorro.

Ⓓ Predije que era una historia sobre la amistad de dos liebres, pero ahora me doy cuenta de que es sobre la boda de una liebre.

2. ¿Cuál es uno de los escenarios del texto?

Ⓐ una cabaña

Ⓑ una huerta de coles

Ⓒ el mercado de la villa

Ⓓ una capilla para bodas

3. ¿Quién sería más similar a la liebre?

Ⓐ un perro que ama a su amo

Ⓑ un zorro que es más astuto que un granjero

Ⓒ un gato que duerme todo el día

Ⓓ un caballo que salva a una princesa

4. ¿En qué se parecen el señor Liebre y la niña?

Ⓐ Ambos se engañan.

Ⓑ Ambos quieren casarse.

Ⓒ Ambos aman a la madre de la niña.

Ⓓ Ambos quieren vivir en la choza.

5. ¿Cuál es el tema de este cuento?

Ⓐ No siempre puedes confiar en las palabras de alguien.

Ⓑ Los animales que hablan dan miedo.

Ⓒ Las bodas son siempre una ocasión especial.

Ⓓ Las liebres son malas.

6. ¿Qué otro cuento de hadas tiene un tema similar?

Ⓐ "Caperucita Roja"

Ⓑ "Hansel y Gretel"

Ⓒ "Los tres cerditos"

Ⓓ Todos estos cuentos tratan sobre personajes que se engañan entre sí.

1. Ⓢ Ⓝ

2. Ⓢ Ⓝ

3. Ⓢ Ⓝ

4. Ⓢ Ⓝ

5. Ⓢ Ⓝ

6. Ⓢ Ⓝ

___ / 6

Total

NOMBRE: _____ **FECHA:** _____

INSTRUCCIONES

Vuelve a leer "La novia del señor Liebre: Un cuento de los hermanos Grimm". Luego, lee la instrucción y responde en las líneas a continuación.

La historia trata sobre una liebre muy astuta que al final resulta engañada. ¿Cuándo has tratado de engañar a alguien? ¿Funcionó tu plan?

_____

_____

_____

_____

_____

_____

_____

_____

_____

_____

_____

_____

_____

_____

_____

_____

_____

NOMBRE: _____ **FECHA:** _____

INSTRUCCIONES
Lee el texto y luego responde las preguntas.

PUNTAJE

El avión es un invento sorprendente. Dos hermanos fueron quienes pilotearon un avión por primera vez. Orville y Wilbur Wright fueron los inventores. Los hermanos Wright estudiaron cómo poder volar durante muchos años. Comenzaron su trabajo con cometas. Aprendieron mucho sobre cómo vuelan estas. Pilotearon un avión por primera vez en 1903.

1. Ⓢ Ⓝ

2. Ⓢ Ⓝ

1. ¿Qué resumen del texto es más adecuado?

Ⓐ Este texto trata sobre diferentes tipos de inventos.

Ⓑ Este texto trata sobre diferentes medios de transporte.

Ⓒ Este texto trata sobre el espacio.

Ⓓ Este texto trata sobre cómo se inventó el avión.

2. ¿Qué entrada del índice guiaría al lector a este texto?

Ⓐ Wright, Orville y Wilbur

Ⓑ diferentes tipos de aviones

Ⓒ aeropuertos

Ⓓ la física de los vuelos

3. ¿Qué sufijo podría reemplazar a –*ieron* en *aprendieron* para crear una nueva palabra?

Ⓐ –*iz*

Ⓑ –*mente*

Ⓒ –*ción*

Ⓓ –*ente*

4. ¿Qué significa *inventor* en este texto?

Ⓐ un avión

Ⓑ un creador de cosas nuevas

Ⓒ sorprendente

Ⓓ una persona que estudia

5. ¿Cuál es un ejemplo de un *invento sorprendente* en el mundo actual?

Ⓐ lápiz

Ⓑ pan

Ⓒ teléfono celular

Ⓓ ropa

3. Ⓢ Ⓝ

4. Ⓢ Ⓝ

5. Ⓢ Ⓝ

___ / 5

Total

NOMBRE: _____ **FECHA:**_____

PUNTAJE

INSTRUCCIONES Lee el texto y luego responde las preguntas.

El océano Atlántico es el segundo océano más grande. Los vuelos cruzan este océano todos los días. Se llaman *vuelos transatlánticos*. Los primeros pilotos tenían que resolver cómo cruzar este gran cuerpo de agua. Los motores no soportaban una distancia tan larga como para cruzarlo. Los primeros aviones tampoco podían conservar suficiente combustible. En la actualidad, los vuelos largos a través del Atlántico son muy comunes. Ese es un gran cambio con respecto al pasado.

1. Ⓢ Ⓝ

2. Ⓢ Ⓝ

3. Ⓢ Ⓝ

1. ¿Qué palabra brinda a un lector la mayor información sobre el tema de este texto?

4. Ⓢ Ⓝ

Ⓐ piloto

Ⓑ transatlántico

5. Ⓢ Ⓝ

Ⓒ viajar

Ⓓ agua

___/ 5
Total

2. ¿Qué título de capítulo indica la idea principal?

Ⓐ Los océanos del mundo

Ⓑ Cuerpo de agua

Ⓒ El cruce del Atlántico

Ⓓ Cómo formar olas

3. ¿Qué sufijo podría sustituir a *-idad* en *actualidad* para formar una nueva palabra?

Ⓐ *–ción*

Ⓑ *–ado*

Ⓒ *–s*

Ⓓ *–mente*

4. ¿Qué definición de la palabra *cruzan* se usa en este texto?

Ⓐ enojaron

Ⓑ colocan los brazos por delante del pecho, uno encima del otro

Ⓒ atraviesan o pasan por encima

Ⓓ trazan dos rayas paralelas en un cheque

5. ¿Qué significa que los vuelos transatlánticos son *muy comunes*?

Ⓐ Son seguros.

Ⓑ Ocurren con frecuencia.

Ⓒ Son organizados.

Ⓓ Vuelan en círculos.

NOMBRE: _____ **FECHA:** _____

INSTRUCCIONES Lee el texto y luego responde las preguntas.

La *altitud* es un elemento importante al pilotear un avión. Hace referencia a la altura con respecto a la tierra a la que se encuentra el avión en el aire. Hay reglas sobre qué tan alto o bajo puede volar un avión. Estas reglas se establecen por seguridad. Los instrumentos del avión permiten que el piloto conozca la altitud. Un *altímetro* es una de las herramientas del avión que mide la altitud.

1. ⓈⓃ

2. ⓈⓃ

1. ¿Qué enunciado muestra que el lector puede usar la primera oración para anticipar el texto de manera precisa?

- Ⓐ Creo que este texto trata sobre el vuelo de un pájaro.
- Ⓑ Creo que este texto trata sobre el despegue y el aterrizaje en un avión.
- Ⓒ Creo que este texto trata sobre la altura de vuelo de los aviones.
- Ⓓ Creo que este texto trata sobre la altitud de una montaña alta.

2. ¿Qué encabezado indica la idea principal de este texto?

- Ⓐ La altura de vuelo de un avión
- Ⓑ Capacitación para pilotos
- Ⓒ Alto y bajo
- Ⓓ Instrumentos de lectura

3. ¿Qué palabra tiene el mismo sufijo que *volar*?

- Ⓐ caer
- Ⓑ tratar
- Ⓒ veladura
- Ⓓ mentira

4. ¿En qué oración se usa la palabra *instrumentos* de la misma manera en la que se usa en este texto?

- Ⓐ Los miembros de la orquesta prepararon sus *instrumentos*.
- Ⓑ Los exámenes son *instrumentos* para supervisar a los estudiantes.
- Ⓒ Los *instrumentos* de un automóvil miden la velocidad.
- Ⓓ El médico usó un *instrumento* durante el examen.

5. ¿Qué palabras del texto son sinónimos?

- Ⓐ *instrumentos* y *herramientas*
- Ⓑ *parte* y *aire*
- Ⓒ *seguridad* y *despegue*
- Ⓓ *tierra* y *bajo*

3. ⓈⓃ

4. ⓈⓃ

5. ⓈⓃ

___ / 5
Total

NOMBRE: _____ FECHA:_____

La vida de Amelia Earhart

A Amelia Earhart le interesaba pilotear aviones desde muy pequeña. Nació en 1897 en Kansas. Amelia hacía "cosas de hombres". Le encantaba trepar árboles. Cazaba ratas con un rifle. Durante estos años, el uso de los aviones se volvió más común. Amelia voló por primera vez en 1920. Quedó fascinada. El vuelo le cambió la vida y supo cuál era su misión.

Earhart tuvo su primera lección de vuelo en 1921. Trabajó arduamente para ahorrar dinero. Trabajó como auxiliar de enfermería. Luego, fue trabajadora social. Ahorró todos sus ingresos. Pronto, tuvo suficiente dinero como para comprar su primer avión.

El primer avión de Earhart era amarillo brillante. Lo llamó *Canario*. Earhart aprendió mucho sobre pilotear en ese avión. Voló a una altitud de 14,000 pies. Ese fue un récord para la época. Su siguiente récord fue ser la primera mujer en volar cruzar el océano Atlántico. Se unió a otros dos pilotos como pasajera. Juntos, hicieron el vuelo en aproximadamente 21 horas.

Earhart se enfocó en el siguiente récord. Esta vez, quería atravesar el Atlántico sola. Quería hacer un vuelo *sola*. El esposo de Amelia la ayudó a planificar el viaje. Quería ayudarla a cumplir con su objetivo. Planeó volar desde Terranova hasta París en 1932. El mal clima la obligó a aterrizar en Irlanda. De todos modos, esta fue una victoria para Amelia. Le mostró al mundo que tanto los hombres como las mujeres podían pilotear un avión solos de manera segura a través del Atlántico.

Amelia Earhart se dispuso a lograr otro desafío. Quería ser la primera mujer en volar alrededor del mundo. Partió desde Miami el 1 de junio de 1937. Recorrió más de 20,000 millas. Eran los últimos días del viaje. Exactamente el 2 de julio. El clima estaba nublado y húmedo. Partió desde Nueva Guinea. Amelia tuvo dificultades para escuchar los mensajes a través de la radio. Informó que se estaba "dirigiendo hacia el norte y el sur". Luego, la línea se silenció. Esas fueron las últimas palabras que se escucharon de Amelia. Los expertos aún están tratando de resolver el misterio de lo que ocurrió con ella y su avión. Su valentía fue inspiradora. ¡Le mostró al mundo que las mujeres fuertes pueden hacer grandes cosas!

Amelia Earhart

NOMBRE: _____ **FECHA:** _____

PUNTAJE

INSTRUCCIONES Lee "La vida de Amelia Earhart" y luego responde las preguntas.

1. ¿Cuál es el motivo principal para leer una biografía?

- (A) aprender sobre historia
- (B) comparar las vidas de personas famosas
- (C) conocer sobre la historia de vida de una persona
- (D) conocer sobre la familia de una persona

2. ¿Qué frase del texto indica el punto de vista del autor sobre Earhart?

- (A) hacía "cosas de hombres"
- (B) su valentía fue inspiradora
- (C) trabajadora social
- (D) ahorrar dinero

3. ¿Qué enunciado muestra de qué manera los conocimientos previos pueden ayudar a entender el texto?

- (A) He estado de vacaciones en Miami.
- (B) Una vez hice un viaje en avión hasta la casa de mi abuela.
- (C) Hice la prueba para el equipo de fútbol de varones porque en mi escuela no hay equipo de fútbol de niñas, y quería demostrar que las niñas pueden jugar fútbol igual de bien.
- (D) Mi médico tiene enfermeros y auxiliares de enfermería.

4. ¿Cómo está organizada esta biografía?

- (A) como un texto de comparación y contraste
- (B) cronológicamente, en el orden en que ocurrieron los eventos
- (C) secuencialmente, con los pasos ordenados para hacer algo
- (D) como un texto de problema y solución

5. ¿Cuál es la lección principal sobre la vida de Amelia Earhart?

- (A) Voló mejor que cualquier otra persona.
- (B) Asumió riesgos, era muy valiente y les enseñó a las personas sobre la igualdad entre los hombres y las mujeres.
- (C) Le gustaba batir récords.
- (D) No se sabe si está muerta o viva.

6. ¿Cuál es una de las maneras en las que Amelia Earhart asumió riesgos?

- (A) trepar árboles
- (B) aprender a pilotear un avión
- (C) pilotear un avión sola
- (D) todas las opciones anteriores

1. Ⓢ Ⓝ

2. Ⓢ Ⓝ

3. Ⓢ Ⓝ

4. Ⓢ Ⓝ

5. Ⓢ Ⓝ

6. Ⓢ Ⓝ

___ / 6
Total

NOMBRE: _____ **FECHA:** _____

INSTRUCCIONES Vuelve a leer "La vida de Amelia Earhart". Luego, lee la instrucción y responde en las líneas a continuación.

Piensa en las maneras en las que Amelia fue valiente y arriesgada. Escribe sobre una vez en la que hiciste algo valiente.

_____

_____

_____

_____

_____

_____

_____

_____

_____

_____

_____

_____

_____

_____

_____

_____

ANSWER KEY

Week 1

Day 1
1. B
2. D
3. C
4. B
5. A

Day 2
1. B
2. B
3. B
4. C
5. B

Day 3
1. B
2. C
3. B
4. C
5. D

Day 4
1. B
2. C
3. C
4. D
5. A
6. D

Day 5
Responses will vary.

Week 2

Day 1
1. B
2. A
3. B
4. B
5. B

Day 2
1. A
2. B
3. A
4. B
5. D

Day 3
1. C
2. B
3. B
4. A
5. D

Day 4
1. C
2. C
3. B
4. C
5. C
6. B

Day 5
Responses will vary.

Week 3

Day 1
1. B
2. B
3. C
4. B
5. C

Day 2
1. B
2. B
3. C
4. B
5. C

Day 3
1. B
2. D
3. B
4. A
5. C

Day 4
1. A
2. D
3. C
4. B
5. C
6. C

Day 5
Responses will vary.

Week 4

Day 1
1. D
2. B
3. A
4. D
5. B

Day 2
1. C
2. B
3. A
4. C
5. A

Day 3
1. B
2. B
3. B
4. A
5. A

Day 4
1. C
2. C
3. A
4. A
5. A
6. C

Day 5
Responses will vary.

Week 5

Day 1
1. C
2. B
3. A
4. C
5. C

Day 2
1. B
2. B
3. B
4. C
5. D

Day 3
1. C
2. B
3. A
4. D
5. B

Day 4
1. C
2. B
3. C
4. C
5. D
6. D

Day 5
Responses will vary.

Week 6

Day 1
1. A
2. C
3. D
4. C
5. A

Day 2
1. A
2. B
3. C
4. B
5. A

Day 3
1. C
2. C
3. B
4. A
5. A

ANSWER KEY *(cont.)*

Week 6 *(cont.)*

Day 4
1. A
2. D
3. B
4. B
5. B
6. D

Day 5
Responses will vary.

Week 7

Day 1
1. C
2. B
3. C
4. C
5. D

Day 2
1. A
2. B
3. B
4. B
5. B

Day 3
1. A
2. D
3. D
4. B
5. C

Day 4
1. B
2. C
3. B
4. A
5. B
6. C

Day 5
Responses will vary.

Week 8

Day 1
1. C
2. B
3. B
4. C
5. A

Day 2
1. B
2. B
3. B
4. D
5. D

Day 3
1. C
2. B
3. D
4. B
5. A

Day 4
1. C
2. B
3. C
4. C
5. C
6. D

Day 5
Responses will vary.

Week 9

Day 1
1. B
2. B
3. D
4. C
5. C

Day 2
1. A
2. B
3. B
4. D
5. C

Day 3
1. D
2. D
3. D
4. B
5. C

Day 4
1. C
2. C
3. A
4. D
5. B
6. A

Day 5
Responses will vary.

Week 10

Day 1
1. B
2. B
3. A
4. A
5. A

Day 2
1. A
2. C
3. C
4. B
5. A

Day 3
1. C
2. A
3. D
4. B
5. D

Day 4
1. A
2. B
3. D
4. B
5. B
6. D

Day 5
Responses will vary.

Week 11

Day 1
1. B
2. D
3. D
4. A
5. D

Day 2
1. C
2. C
3. A
4. D
5. B

Day 3
1. A
2. B
3. D
4. C
5. B

Day 4
1. B
2. B
3. B
4. B
5. B
6. C

Day 5
Responses will vary.

Week 12

Day 1
1. D
2. C
3. B
4. D
5. A

ANSWER KEY *(cont.)*

Week 12 *(cont.)*

Day 2
1. A
2. D
3. C
4. C
5. D

Day 3
1. B
2. D
3. A
4. B
5. A

Day 4
1. C
2. D
3. D
4. A
5. A
6. B

Day 5
Responses will vary.

Week 13

Day 1
1. B
2. C
3. C
4. B
5. B

Day 2
1. A
2. C
3. A
4. B
5. C

Day 3
1. C
2. B
3. B
4. A
5. C

Day 4
1. B
2. C
3. C
4. D
5. D
6. C

Day 5
Responses will vary.

Week 14

Day 1
1. B
2. B
3. D
4. C
5. C

Day 2
1. D
2. C
3. C
4. B
5. B

Day 3
1. C
2. C
3. A
4. B
5. B

Day 4
1. B
2. C
3. D
4. D
5. B
6. C

Day 5
Responses will vary.

Week 15

Day 1
1. C
2. D
3. B
4. B
5. D

Day 2
1. B
2. D
3. B
4. B
5. B

Day 3
1. A
2. B
3. B
4. D
5. B

Day 4
1. B
2. B
3. C
4. B
5. A
6. B

Day 5
Responses will vary.

Week 16

Day 1
1. A
2. B
3. B
4. C
5. A

Day 2
1. B
2. B
3. C
4. D
5. D

Day 3
1. C
2. D
3. B
4. A
5. A

Day 4
1. B
2. C
3. B
4. A
5. A
6. B

Day 5
Responses will vary.

Week 17

Day 1
1. B
2. D
3. C
4. B
5. C

Day 2
1. B
2. A
3. B
4. C
5. C

Day 3
1. A
2. B
3. B
4. B
5. D

Day 4
1. C
2. A
3. B
4. C
5. A
6. A

ANSWER KEY *(cont.)*

Week 17 *(cont.)*

Day 5
Responses will vary.

Week 18

Day 1
1. C
2. B
3. A
4. C
5. A

Day 2
1. B
2. B
3. C
4. B
5. B

Day 3
1. A
2. C
3. C
4. B
5. A

Day 4
1. C
2. B
3. B
4. A
5. A
6. C

Day 5
Responses will vary.

Week 19

Day 1
1. B
2. A
3. C
4. C
5. C

Day 2
1. B
2. C
3. C
4. B
5. B

Day 3
1. A
2. B
3. D
4. B
5. B

Day 4
1. C
2. B
3. D
4. B
5. C
6. D

Day 5
Responses will vary.

Week 20

Day 1
1. B
2. C
3. B
4. C
5. C

Day 2
1. B
2. C
3. C
4. B
5. A

Day 3
1. D
2. C
3. B
4. D
5. A

Day 4
1. B
2. B
3. C
4. D
5. A
6. C

Day 5
Responses will vary.

Week 21

Day 1
1. D
2. A
3. C
4. B
5. D

Day 2
1. B
2. A
3. A
4. C
5. B

Day 3
1. C
2. C
3. A
4. D
5. C

Day 4
1. C
2. B
3. B
4. D
5. D
6. A

Day 5
Responses will vary.

Week 22

Day 1
1. D
2. C
3. D
4. B
5. A

Day 2
1. A
2. C
3. C
4. B
5. D

Day 3
1. D
2. B
3. A
4. B
5. D

Day 4
1. D
2. B
3. C
4. B
5. B
6. B

Day 5
Responses will vary.

Week 23

Day 1
1. B
2. D
3. B
4. D
5. C

Day 2
1. B
2. B
3. D
4. A
5. B

ANSWER KEY *(cont.)*

Week 23 *(cont.)*

Day 3
1. A
2. C
3. C
4. B
5. A

Day 4
1. B
2. B
3. D
4. A
5. A
6. C

Day 5
Responses will vary.

Week 24

Day 1
1. A
2. B
3. C
4. B
5. A

Day 2
1. A
2. D
3. B
4. A
5. B

Day 3
1. A
2. B
3. D
4. D
5. D

Day 4
1. B
2. D
3. C
4. C
5. A
6. B

Day 5
Responses will vary.

Week 25

Day 1
1. B
2. C
3. C
4. B
5. A

Day 2
1. A
2. A
3. B
4. C
5. B

Day 3
1. A
2. B
3. B
4. D
5. B

Day 4
1. C
2. A
3. B
4. D
5. D
6. C

Day 5
Responses will vary.

Week 26

Day 1
1. B
2. B
3. A
4. C
5. A

Day 2
1. C
2. D
3. B
4. C
5. D

Day 3
1. C
2. B
3. B
4. B
5. B

Day 4
1. C
2. A
3. B
4. C
5. B
6. C

Day 5
Responses will vary.

Week 27

Day 1
1. A
2. B
3. D
4. B
5. B

Day 2
1. B
2. A
3. D
4. B
5. B

Day 3
1. B
2. B
3. B
4. A
5. B

Day 4
1. B
2. A
3. B
4. B
5. B
6. C

Day 5
Responses will vary.

Week 28

Day 1
1. B
2. D
3. A
4. C
5. C

Day 2
1. B
2. B
3. C
4. B
5. D

Day 3
1. A
2. B
3. A
4. B
5. D

Day 4
1. A
2. B
3. B
4. C
5. B
6. B

Day 5
Responses will vary.

ANSWER KEY (cont.)

Week 29

Day 1
1. C
2. B
3. D
4. B
5. C

Day 2
1. A
2. D
3. B
4. A
5. C

Day 3
1. D
2. A
3. A
4. A
5. C

Day 4
1. A
2. C
3. D
4. D
5. A
6. D

Day 5
Responses will vary.

Week 30

Day 1
1. B
2. B
3. D
4. B
5. B

Day 2
1. D
2. B
3. B
4. B
5. A

Day 3
1. B
2. C
3. B
4. B
5. B

Day 4
1. C
2. D
3. B
4. B
5. A
6. C

Day 5
Responses will vary.

Week 31

Day 1
1. A
2. B
3. B
4. C
5. B

Day 2
1. D
2. C
3. B
4. A
5. D

Day 3
1. D
2. C
3. D
4. B
5. A

Day 4
1. B
2. D
3. C
4. C
5. A
6. A

Day 5
Responses will vary.

Week 32

Day 1
1. D
2. A
3. C
4. B
5. A

Day 2
1. D
2. C
3. C
4. A
5. A

Day 3
1. B
2. C
3. C
4. C
5. A

Day 4
1. D
2. C
3. B
4. B
5. C
6. D

Day 5
Responses will vary.

Week 33

Day 1
1. B
2. A
3. B
4. C
5. D

Day 2
1. A
2. B
3. B
4. A
5. B

Day 3
1. B
2. B
3. C
4. D
5. D

Day 4
1. B
2. D
3. C
4. B
5. A
6. D

Day 5
Responses will vary.

Week 34

Day 1
1. B
2. C
3. C
4. D
5. A

Day 2
1. C
2. B
3. C
4. D
5. B

Day 3
1. B
2. C
3. D
4. B
5. B

ANSWER KEY *(cont.)*

Week 34 *(cont.)*

Day 4
1. A
2. B
3. B
4. B
5. A
6. C

Day 5
Responses will vary.

Week 35

Day 1
1. B
2. B
3. B
4. A
5. B

Day 2
1. B
2. C
3. C
4. D
5. B

Day 3
1. D
2. B
3. B
4. B
5. B

Day 4
1. A
2. B
3. B
4. A
5. A
6. D

Day 5
Responses will vary.

Week 36

Day 1
1. D
2. A
3. A
4. B
5. C

Day 2
1. B
2. C
3. D
4. C
5. B

Day 3
1. C
2. A
3. B
4. C
5. A

Day 4
1. C
2. B
3. C
4. B
5. B
6. D

Day 5
Responses will vary.

REFERENCES CITED

Marzano, Robert. 2010. When Practice Makes Perfect...Sense. *Educational Leadership* 68 (3): 81–83.

National Reading Panel. 2000. Report of the National Reading Panel. *Teaching Children to Read: An Evidence-Based Assessment of the Scientific Research Literature on Reading and its Implication for Reading Instruction* (NIH Publication No. 00-4769). Washington, DC: U.S. Government Printing Office.

Rasinski, Timothy V. 2003. *The Fluent Reader: Oral Reading Strategies for Building Word Recognition, Fluency, and Comprehension.* New York: Scholastic.

———. 2006. Fluency: An Oft-Neglected Goal of the Reading Program. In *Understanding and Implementing Reading First Initiatives*, ed. C. Cummins, 60–71. Newark, DE: International Reading Association.

Wolf, Maryanne. 2005. *What is Fluency? Fluency Development: As the Bird Learns to Fly.* Scholastic professional paper. New York: ReadAbout. http://teacher.scholastic.com /products/fluencyformula/pdfs/What_is_Fluency.pdf (accessed June 8, 2007).

DIGITAL RESOURCES

Accessing the Digital Resources

The digital resources can be downloaded by following these steps:

1. Go to www.tcmpub.com/digital

2. Use the ISBN number to redeem the digital resources.

3. Respond to the question using the book.

4. Follow the prompts on the Content Cloud website to sign in or create a new account.

ISBN

5. The content redeemed will now be on your My Content screen. Click on the product to look through the digital resources. All resources are available for download. Select files can be previewed, opened, and shared. For questions and assistance with your license key card, or to report a lost card, please contact Shell Education.

mail: customerservice@tcmpub.com
phone: 800-858-7339

 CONTENTS OF THE DIGITAL RESOURCES

Teacher Resources

- Assessing Fluency
- Writing Rubric
- Practice Page Item Analysis Chart
- Student Item Analysis Chart

NOTES

126831—180 Days of Reading—Spanish